Schriften
des
Vereins für Sozialpolitik.

Untersuchungen über Preisbildung.
Abteilung A: Preisbildung für agrarische Erzeugnisse.
Herausgegeben von M. Sering.

139. Band.
Dritter Teil.
Die Bewegung der Weizenpreise und ihre Ursachen.

Verlag von Duncker & Humblot.
München und Leipzig 1914.

Die Bewegung der Weizenpreise und ihre Ursachen.

Von

Louis Perlmann,
Königsberg i. Pr.

Verlag von Duncker & Humblot.
München und Leipzig 1914.

Alle Rechte vorbehalten.

Die Bewegung der Weizenpreise und ihre Ursachen.

Von

Louis Perlmann=Königsberg i. Pr.

Inhalt.

	Seite
Einleitung	3
A. Die Bewegung der Weizenpreise.	3
1. Kurze Übersicht der Preisbewegung des Weizens von 1200—1820	3
2. Preisbewegung seit 1820 bis zur Gegenwart in zehnjährigen Durchschnitten	4
Die Preise steigen in den Exportstaaten, fallen in den Importstaaten. Herausbildung eines Weltmarktpreises.	
3. Die Jahrespreise	17
a) Die Regelmäßigkeit der Preisbewegung	17
b) Abnahme in der Größe der Differenzen zwischen dem höchsten und niedrigsten Jahresdurchschnitt innerhalb der Jahrzehnte	25
4. Die Monatspreise	27
a) Regelmäßigkeit der Bewegung innerhalb der Erntejahre	27
b) Abnahme der Differenzen zwischen höchstem und niedrigstem Durchschnitt innerhalb eines Jahres	33
5. Die tägliche Preisbewegung	33
B. Die Ursachen der Preisbewegung des Getreides.	34
1. Die tägliche Preisbildung	34
a) Verhältnis zwischen notwendigen Käufen und Verkäufen	34
b) Die Bewertung der Ware bei freiwilligem Kauf und Verkauf. Statistische Erfassung der Marktlage	35
c) Der Anteil der Spekulation an der Preisbildung	44
2. Die Faktoren der monatlichen Preisbewegung	55
3. Die Faktoren der Jahrespreise	57
a) Jahrespreise und Produktion	57
b) Jahrespreise und Konsumtion	59
c) Die Regelmäßigkeit der Preiskurven	63
d) Die Abnahme der Preisschwankungen	64
4. Die Faktoren des Preisniveaus (der zehnjährigen Durchschnitte)	65
5. Weizenpreise und Gesamtwarenpreise	69
a) Übereinstimmung in den jährlichen Preisschwankungen	69
b) Übereinstimmung in der Bewegung der großen Preisentwicklungslinien	71
Schluß	73

Vorwort.

Die Untersuchung der Preisbildung gehört zu den wichtigsten Aufgaben der theoretischen Nationalökonomie, und man hat ihr darum schon in den Anfängen der Wirtschaftswissenschaft besondere Aufmerksamkeit zugewendet. Dennoch ist man, obwohl sich die hervorragendsten Nationalökonomen mehr als ein Jahrhundert mit diesem Problem beschäftigen, bisher zu keiner Einigung gelangt, vielmehr herrscht noch heute über wesentliche Punkte der Preis-, Geld- und Krisentheorie Unstimmigkeit.

Es erscheint darum notwendig, die Preisbildung einzelner Waren zu untersuchen. Denn nur in der Detailforschung vermag man des genaueren die Bedeutung der einzelnen Faktoren auf die Preisbildung zu erkennen und die speziellen, der besonderen Ware eigentümlichen Bedingungen von den allgemeinen zu sondern. Eine solche Untersuchung erweist sich als eine notwendige Kontrolle und als Prüfstein jeder Preistheorie.

Wenn ich zunächst für eine solche Detailforschung die Preisbildung des Getreides wähle, so geschieht das aus zwei Gründen: Einmal, weil der Einfluß der landwirtschaftlichen Produktionsschwankungen auf die allgemeine Preisentwicklung und die allgemeine Hebung und Senkung des Wirtschaftslebens nicht genügend gewürdigt wird, dann aber, weil die Statistik der Getreidepreise umfangreicher ist als die irgendeiner anderen Ware.

I.

Die Bewegung der Preise.

1. Kurze Übersicht der Preisbewegung des Weizens von 1200—1820.

Der Beurteilung und Ursachenerforschung der Preisbewegung dient als Grundlage im wesentlichen das Zahlenmaterial der letzten Jahrzehnte. Um aber ein abgerundetes Bild zu geben, soll zunächst in Anschluß an

Schmitz[1] die Preisbewegung vom 13. Jahrhundert an charakterisiert werden, obgleich dieses Material vielfach lückenhaft und unzuverlässig ist.

Es lassen sich vom 13. bis zum 19. Jahrhundert drei große Preiswellen erkennen, die in allen westeuropäischen Ländern ähnlich verlaufen.

Von Beginn des 13. Jahrhunderts steigen die Weizenpreise bis zur zweiten Hälfte des 14. Jahrhunderts. Dann beginnt eine rückläufige Bewegung bis zum Ende des 15. Jahrhunderts, deren Tiefpunkt in manchen Ländern noch unter dem Tiefpunkt um das 12. Jahrhundert liegt. Vom Ende des 15. bis zum Schlusse des 16. Jahrhunderts vollzieht sich eine gewaltige Erhöhung des Preisniveaus, von welchem die Preise von 1600—1750 wieder herabsinken. In der Mitte des 18. Jahrhunderts setzte die dritte Preiswelle mit einer Steigerung ein, welche im Verlauf eines halben Jahrhunderts den Preis des Weizens auf das höchste geschichtlich nachweisbare Niveau hebt. „Der Hochpunkt zu Anfang des 19. Jahrhunderts liegt in Frankreich sowohl wie in England zehn- bis zwölfmal höher als der Tiefstand zu Ende des 15. Jahrhunderts. Es kann kaum überraschen, wenn auf diesen beispiellosen Aufschwung ganz unvermittelt ein heftiger Preissturz folgt, der noch vor Beginn des zweiten Viertels des 19. Jahrhunderts sein Ende erreicht hat."

Nach der einzigen zusammenhängenden Statistik für diese sechs Jahrhunderte, die von d'Avenal herrührt, betrugen die drei Maxima und Minima in Frankreich in fünfundzwanzigjährigen Durchschnitten in Mark per Tonne:

	1200 bis 1225	1350 bis 1375	1450 bis 1475	1575 bis 1600	1726 bis 1750	1801 bis 1825
Minima	42,56	—	36,40	—	123,2	—
Maxima	—	100,80	—	224,80	—	272,35

2. Preisbewegung seit 1820 bis zur Gegenwart in zehnjährigen Durchschnitten.

Die Preise steigen in den Exportstaaten, fallen in den Importstaaten. Herausbildung eines Weltmarktpreises.

Nach Beendigung der letzten gewaltigen Steigerung in der Zeit der französischen Revolution und der Napoleonischen Kriege sinken die Preise rasch im Verlauf weniger Jahre. Die weitere Bewegung in den

---

[1] O. Schmitz, Die Bewegung der Warenpreise. S. 433.

verschiedenen Ländern Westeuropas ist aber nicht mehr wie in den vergangenen Jahrhunderten eine (in großen Linien) gleichmäßige, sondern zum Teil entgegengesetzte.

Tabelle I.
Preisbewegung des Weizens in Preußen, England und Frankreich in zehnjährigen Durchschnitten (in Mark per Tonne)[1].

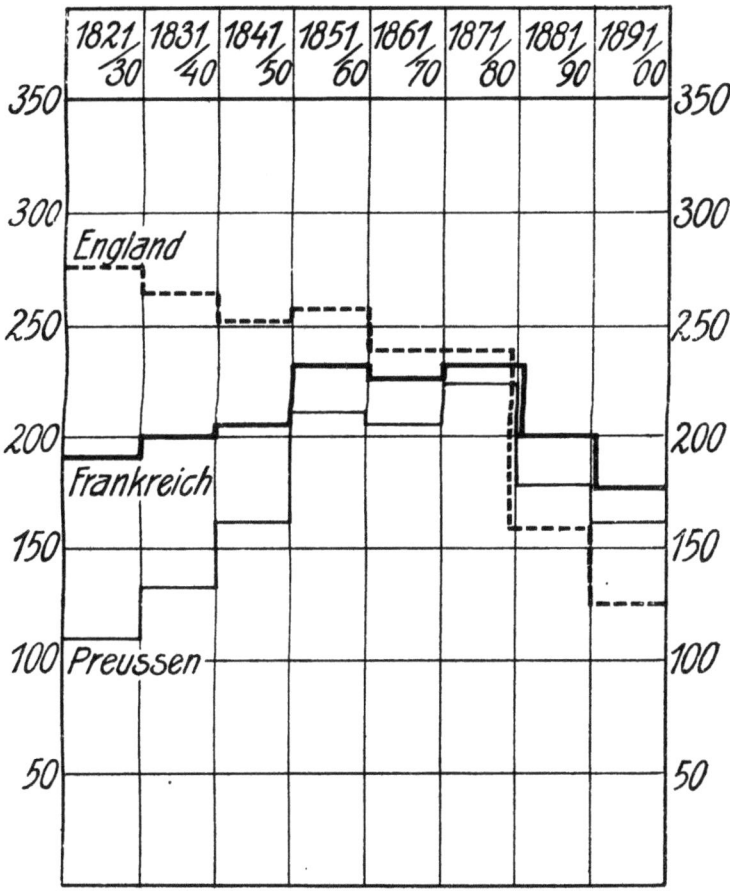

[1] Quellen: für England: Vierteljahrshefte zur Statistik des Deutschen Reiches 1902 IV S. 170; für Frankreich: ebenda 1910 III S. 137; für Preußen: Zeitschrift des Kgl. Preuß. stat. Bureaus 1887 S. 121, St.-Handbuch für Preußen II S. 246. Das Getreide im Weltverkehr 1905 S. 148.

Die vorstehende graphische Darstellung der Weizenpreise von 1820 bis 1900 zeigt die Preisbewegung in Preußen, England und Frankreich.

In Preußen und Frankreich steigen die Preise, bis sie in dem Jahrzehnt 1871/80 ihr Maximum erreichen und fallen dann während der beiden Jahrzehnte bis 1900, um zu Beginn des neuen Jahrhunderts wieder anzusteigen. In England fallen die Preise fast während der ganzen Periode, wenn auch erst in den beiden letzten Jahrzehnten in schnellerem Tempo. Mit dem Beginn des 20. Jahrhunderts setzt auch in England wie in den anderen Ländern eine Preissteigerung ein.

Die regelmäßige Aufwärtsbewegung der Preise erleidet in Deutschland und Frankreich nur in dem Jahrzehnt 1861/70 eine geringfügige Unterbrechung. England erlebt die einzige Preissteigerung während des 19. Jahrhunderts 1851/60. (Es ist merkwürdigerweise das Jahrzehnt, das auf die Aufhebung der hohen Zölle in den vierziger Jahren folgte.)

Béla Földes[1] stellt in einer Reihe von Staaten die Getreidepreise des ersten und letzten Jahrzehnts einander gegenüber und konstatiert, daß im Vergleich zum Anfang des 19. Jahrhunderts die Preise im letzten Jahrzehnt höher waren in: Preußen, Österreich, Ungarn, Rußland; niedriger in: England, Frankreich, Belgien, Dänemark, Norwegen, Finnland; d. h. es wären im Laufe des 19. Jahrhunderts die Preise in allen Konsumtionsländern gefallen, in allen Produktionsländern gestiegen. Nun gehört aber das erste Jahrzehnt, wie das oben ausgeführt war, einer vorhergehenden Preiswelle an. Es waren also auf die Preisbildung Faktoren von Einfluß, die für die weitere Preisentwicklung im 19. Jahrhundert nicht mehr maßgebend sind. Erst mit den zwanziger Jahren beginnt die neue Entwicklung. Es ergeben sich aus der vorstehenden Gleichsetzung zweier durch ganz verschiedene Faktoren verursachten Preisbewegungen mancherlei Fehler. So war Frankreich zu Beginn des 19. Jahrhunderts nicht ein importierendes, sondern weit häufiger ein exportierendes Getreideland.

Nichtsdestoweniger ist die Beobachtung Földes' richtig. In allen europäischen Kulturstaaten verschiebt sich im 19. Jahrhundert das Verhältnis der Getreideproduktion zum Konsum derart, daß die größere Nachfrage eine immer ausgedehntere Produktion notwendig macht. Die Preise steigen darum in allen Ländern, die ihren Bedarf mit ihrer eigenen Produktion decken. In den früheren Jahrhunderten war überhaupt in jedem

---

[1] Béla Földes, Die Getreidepreise im 19. Jahrhundert. In Conrads Jahrbüchern 1905, S. 472 ff.

Lande die heimische Produktion für das Preisniveau entscheidend im Gegensatz zu heute, wo die heimische Produktion (wenigstens in Westeuropa) für die Höhe des Preises eine untergeordnete Rolle spielt. Die Schwierigkeiten, Getreide aus anderen Ländern heranzuschaffen, waren so groß, daß die Preise eines Landes erst ein sehr hohes Niveau erreichen mußten, bevor der Handel Getreide von entfernten Gebieten heranziehen konnte. Die Getreidepreise in früheren Jahrhunderten sind also ein höchst wichtiges Zeichen, wie groß in einem Lande die Produktionskosten und die Spannung zwischen Getreideproduktion und Bedarf war.

Betrachten wir unter diesem Gesichtswinkel die Preise am Anfang des vorigen Jahrhunderts (ohne jedoch die beiden ersten Jahrzehnte zu berücksichtigen, in denen die Kriegswirren diese Spannung gegen das gewöhnliche verschoben haben), so ergibt sich folgendes:

Es kostete[1] die Tonne Weizen im Durchschnitt des Jahrzehnts 1821/30

in England	278,5 Mk.
„ Norwegen	227,9 „
„ Frankreich	193,4 „
„ Belgien	173,9 „
„ Niederlande	130,3 „
„ Preußen	121,7 „
„ Österreich	98,4 „
„ Ungarn	74,4 „

Die niedrigen Preise in Ungarn, Österreich, Preußen, Niederlande sind ein Zeichen dafür, daß die Produktion des Getreides noch auf fruchtbaren Böden vor sich gegangen und darum billig gewesen, andererseits aber auch, daß die Konsumtionszentren durch Getreideproduktion der allernächsten Gebiete gedeckt waren, sonst wäre bei dem durchschnittlichen Frachtsatz der damaligen Zeit von 75 Pfg. für das Tonnenkilometer ein so niedriger Preis nicht möglich gewesen. Ein Preis von 200 Mk. per Tonne aber zeigt — das wird durch die Aus- und Einfuhrstatistik dieser Länder bewiesen —, daß in einem Lande alle landwirtschaftlich benutzbare Fläche in Betrieb genommen ist (natürlich nur soweit es die wirtschaftliche und gesellschaftliche Organisation der Volkswirtschaft jener Zeit gestattete), und man bereits gezwungen ist, das Ausland für den Bedarf

---

[1] Für die Zahlen in England, Preußen und Frankreich siehe Anm. zur graphischen Darstellung auf Seite 5. Die Zahlen für die anderen Länder sind berechnet nach Földes a. a. O. S. 500 ff.

an Getreide heranzuziehen. Zu einem solchen Preise konnte auch damals schon Getreide über See aus weiter entfernten Gegenden eingeführt werden.

Während des ganzen 19. Jahrhunderts fallen die Preise in England und Norwegen. In den anderen Ländern steigen sie (wenigstens bis 1871/80), die Ursache ist, daß mit der gewaltigen Entwicklung des Handels und Verkehrs die trennenden Schranken von Staat zu Staat allmählich abgebaut werden und die Preisdifferenzen der verschiedenen Länder immer kleiner werden, je mehr sich die Transportkosten von den Import- zu den Exportländern verringern.

Differenzen der Weizenpreise in Mark per Tonne

zwischen Preußen und England [1].				zwischen der Provinz Preußen und Westfalen [2].			
Jahr	Preußen	England	Differenz	Jahr	Preußen älteren Bestandes	Westfalen	Differenz
1821—1830	121,7	278,5	—156,8	1816—1820	181,8	240,8	+ 59,0
1831—1840	138,3	266,7	—128,4	1821—1830	109,2	132,6	+ 23,4
1841—1850	167,7	249,7	— 82,0	1831—1840	133,8	147,3	+ 16,0
1851—1860	211,4	255,9	— 44,5	1841—1850	160,4	182,0	+ 21,6
1861—1870	204,3	239,2	— 34,9	1851—1860	199,6	223,6	+ 24,0
1871—1880	233,5	239,2	— 5,9	1861—1870	195,0	218,6	+ 23,6
1881—1890	181,3	167,0	+ 14,3	1871—1880	213,6	234,2	+ 20,6
1891—1900	165,3	135,5	+ 29,8	1881—1890	174,6	190,6	+ 14,0
				1891—1900	160,5	170,9	+ 10,4
				1901—1905	161,9	165,8	+ 3,9
				1906	170,5	178,0	+ 7,5
				1907	202,0	202,0	± —

Der Ausgleich war ein doppelter; einer innerhalb der Staaten — ein territorialer — und einer zwischen den verschiedenen Staaten — ein internationaler. Doch hat sich der territoriale Ausgleich der Preise nicht immer unabhängig, sondern häufig erst als eine Folge des internationalen Verkehrs ergeben.

Der internationale Preisausgleich wird gekennzeichnet durch die Gegenüberstellung der Preise in Preußen und England. 1821/30 kostete in England der Weizen durchschnittlich 278,5 Mk. per Tonne, d. h. 2 1/3 mal so viel als in Preußen. 1891/1900 hatte sich das Verhältnis derart verschoben, daß in Berlin der Preis um 29,8 Mk. per Tonne

---

[1] Vierteljahrshefte z. St. b. D. R. 1902 IV S. 170. Schmitz a. a. O. S. 435.

[2] Handwörterbuch der Staatswissenschaften unter „Getreidepreise".

höher war als in London. Wenn man dabei den Zoll mit 35 Mk. berücksichtigt, so war in Berlin der Preis nur noch etwa 5,2 Mk. billiger (was im wesentlichen auf Qualitätsunterschiede zurückzuführen ist).

Für den auf dem Wege des internationalen Verkehrs herbeigeführten territorialen Preisausgleich sind die Preise in der Provinz Preußen alten Bestandes denen Westfalens gegenübergestellt. Hier war die Differenz, die 1816/20 59 Mk. betragen hatte, 1900/05 auf 4,7 zusammengeschrumpft, 1907 vorübergehend sogar ganz verschwunden.

In der zweiten Hälfte des 19. Jahrhunderts setzt neben dem Preisausgleich innerhalb Europas immer entschiedener der Preisausgleich zwischen Europa und den überseeischen Ländern ein, und zwar seit dem Jahre 1880 so schnell, daß auch in manchen europäischen Ländern, die bisher durch ihren Getreideexport innerhalb Europas steigende Preise gehabt hatten, nunmehr die Preise zu sinken beginnen, ohne daß diese Staaten ihren Charakter als Exportstaaten verlieren, so z. B. in Ungarn.

Obgleich die Preisdifferenzen durch diese Entwicklung heute auf ein Minimum gesunken sind, ist der Prozeß des Preisausgleichs noch immer nicht beendet. Bei einem Vergleich der Preisentwicklungen in Berlin, London, New York und Wien in den zehn Jahren 1900/09 zeigt sich, daß England, das für seinen Bedarf zu zwei Drittel ausländischen Weizen benötigt, die geringste, die Vereinigten Staaten, das Exportland, die stärkste Steigerung aufweisen[1], wenn man in Deutschland die Zollerhöhung seit 1906 ausschaltet. (Siehe Tabelle S. 10.)

Die bisher angeführten Zahlen zeigen mit großer Deutlichkeit, welche Veränderung sich im Laufe des 19. Jahrhunderts vollzogen hat. Die lokale Preisbildung ist abgelöst worden von einer internationalen, und die ungeheure Entwicklung des Verkehrswesens hat die Preisdifferenzen (soweit sie nicht durch Zölle künstlich aufrechterhalten oder neu geschaffen werden) bis auf einen unbedeutenden Prozentsatz herabgedrückt und eine Parallelität der Preisbewegungen in den verschiedenen Ländern geschaffen. Während wir, um die Bewegung der Preise im 19. Jahrhundert zu charakterisieren, die einzelnen Staaten in ihren verschiedenen zum Teil entgegengesetzten Preisentwicklungen gesondert betrachten mußten, verlangt die Darstellung der neueren Preisbewegung, die Kennzeichnung eines

---

[1] H. Ruesch hat eine ähnliche Tabelle benutzt, um nachzuweisen, daß die Preise in Berlin seit dem Verbot des Terminhandels nicht ebenso schnell als an den anderen Börsen gestiegen sind. Man ersieht aber aus obiger Darstellung, daß für diese Preisentwicklung andere Momente entscheidend sind.

Steigerung der Weizenpreise von 1900 bis 1909[1] (in Mark per Tonne).

Jahr	Berlin Lieferungsware	London M. Lane rot	New York Lieferungsware	Wien Theiß-Weizen
	Mk.	Mk.	Mk.	Mk.
1895/99	163	131,5	123	164
1900	152	130	119	177
1901	164	129	121	149
1902	163	135	123	161
1903	161	130	129	149
1904	174	140	159	175
1905	175	146	153	168
1906	180	139	131	152
1907	206	152	150	190
1908	211	155	163	222
1909	234	179	184	264
Der Preis ist höher als 1895/99:				
1900	— 9	— 1,5	— 4	— 17
1901	+ 1	— 2,5	— 2	— 15
1902	± 0	+ 4,5	± 0	— 3
1903	— 2	— 1,5	+ 6	— 15
1904	+ 11	+ 8,5	+ 36	+ 11
1905	+ 12	+ 14,5	+ 30	+ 4
1906	+ 17	+ 7,5	+ 8	— 12
1907	+ 43	+ 20,5	+ 27	+ 26
1908	+ 48	+ 23,5	+ 40	+ 58
1909	+ 71	+ 48,5	+ 61	+ 100
Summe	192	122	202	137
abzügl. Zoll	60	—	—	—
	132	122	202	137

Preises, des Weltmarktpreises. Es erscheint dabei ganz gleichgültig, in welchem Lande man die Preise verfolgt. Sie sind überall nur ein Spiegelbild der Preisbewegung auf dem Weltmarkt. So gibt der Verfasser des vorzüglichen Jahrbuches über die Ernten und den Handel in Getreide[2] alljährlich eine Darstellung des internationalen Getreidehandels an der Hand des Berichts über den Berliner Markt, „denn die Preisbewegung am Berliner Markte verdanke ihr Entstehen zumeist dem Zusammenwirken der gesamten In= und Auslandsverhältnisse."

Die Parallelität der Bewegungen ist im einzelnen genauer auf den folgenden graphischen Darstellungen der Preisbewegung des Weizens in Berlin, Paris, Liverpool und New York (Chikago) in den Jahres=, Monats=,

---

[1] Vierteljahrshefte zur St. b. D. R. 1901 III S. 17, 1909 und 1910, I.
[2] Jahrbuch über die Ernten und den Handel in Getreide, herausgegeben vom Verein Berliner Getreide= und Produktenhändler.

Wochen- und Tagesdurchschnitten (Tabelle II—V) zu erkennen. Die Darstellung der Jahrespreise zeigt im großen ganzen eine in den vier Städten gleichlaufende Bewegung[1].

Tabelle II.

Weizenpreise in Berlin, Liverpool, Paris und New York von 1886 bis 1910[2] (in Mark per Tonne).

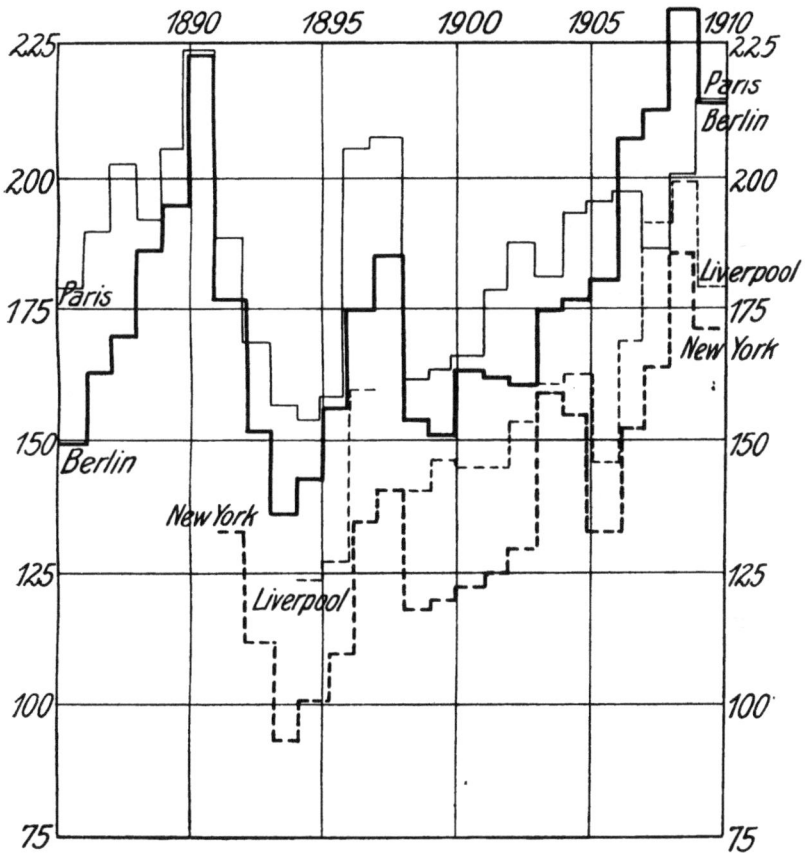

Im Jahre 1896 z. B. ist das Verhältnis der Preise untereinander ähnlich wie 1910 (die Differenzen sind zwar etwas kleiner, was sich jedoch

---

[1] Erst von 1895 sind die Preise für alle vier Börsen in der Statistik enthalten.
[2] Quellen: Für Berlin: Vierteljahrshefte zur St. b. D. R. 1905 I S. 16 und Statistisches Jahrbuch 1911 S. 223; für New York, Paris und Liverpool: Vierteljahrshefte z. St. b. D. R. 1900 I S. 30, 1905 I S. 32 und Statistisches Jahrbuch 1911 S. 23.*

leicht auf eine Verringerung der Frachtsätze innerhalb der fünfzehn Jahre zurückführen läßt). Verfolgen wir die Preise von 1895, so finden wir, daß jede entschiedene Bewegung nach oben oder unten in den vier Städten in der Regel gleichmäßig ist[1]. Doch finden sich auch Ausnahmen. Die Preise in Paris sind 1907—1909 niedriger als in Berlin, während sie vorher von 1892—1906 höher sind (die Zollerhöhung in Deutschland ist dabei von untergeordneter Bedeutung).

Die Ursachen solcher Schwankungen gegenüber der Preisbildung auf dem Weltmarkt sind nicht schwer zu finden. Sie entstehen, wenn man von den Einflüssen der Zollpolitik absieht (so die Abweichung des Berliner Preises 1906), durch den ungleichartigen Ausfall der Ernten in den verschiedenen Ländern. Ich will das für Frankreich deutlicher machen.

In Frankreich ist in den letzten Jahren infolge der Fortschritte der landwirtschaftlichen Technik einerseits und der geringen Bevölkerungsvermehrung andererseits die Weizenproduktion stärker gewachsen als der Bedarf. Die Folge war eine immer größere Unabhängigkeit vom Weltmarkt, so daß Frankreich heute in Jahren mit reicher Ernte seinen ganzen Bedarf mit inländischem Getreide zu decken imstande ist. In reichen Jahren konnte der Preis unter „Weltmarktparität" hinuntersinken, und zwar so weit, bis eine Ausfuhr des Getreides in das Ausland für den Handel gewinnbringend wird. (Das ergibt in dem Zolland Frankreich bei dem Mangel eines Einfuhrscheinsystems einen sehr großen Spielraum.) Reicht umgekehrt die inländische Produktion für den Bedarf nicht mehr aus, so muß Getreide vom Ausland herangezogen werden, d. h. also der Preis über Weltmarktparität steigen.

Die Preise in den einzelnen Ländern haben also in großen Zügen dieselbe Bewegung, sie schwanken aber in den einzelnen Jahren gegenüber dem Weltmarktpreise. Das Maximum dieser Schwankungen beträgt (soweit nicht Besonderheiten mitsprechen wie in Frankreich) für die europäischen Länder die doppelte Fracht[2] zwischen jedem Lande und (der

---

[1] Wenn das österreichische Ackerbauministerium in seiner Veröffentlichung „Das Getreide im Weltverkehr", Wien 1900 meint, daß sich die Preise auch in den einzelnen Ländern ungleichmäßig entwickelten, und zum Beweise die Preisreihen von Mannheim und Berlin gegenüberstellt (1891 wären die Preise in Berlin um 2,20 Mk., in Mannheim um 1,76 Mk., in London um 1,80 Mk. per Hektoliter gestiegen), so berücksichtigt es nicht die verschiedenen Qualitäten des Weizens. Denn in Mannheim gelten die Preise für ausländisches, in Berlin für inländisches Getreide, wobei man nicht voraussetzen darf, daß die Qualitätsdifferenz in jedem Jahre die gleiche ist.

[2] Über oder unter Weltmarktparität.

Die Bewegung der Weizenpreise und ihre Ursachen. 13

Tabelle III.
Weizenpreise in Monatsdurchschnitten in Berlin, Paris, London, New York[1].

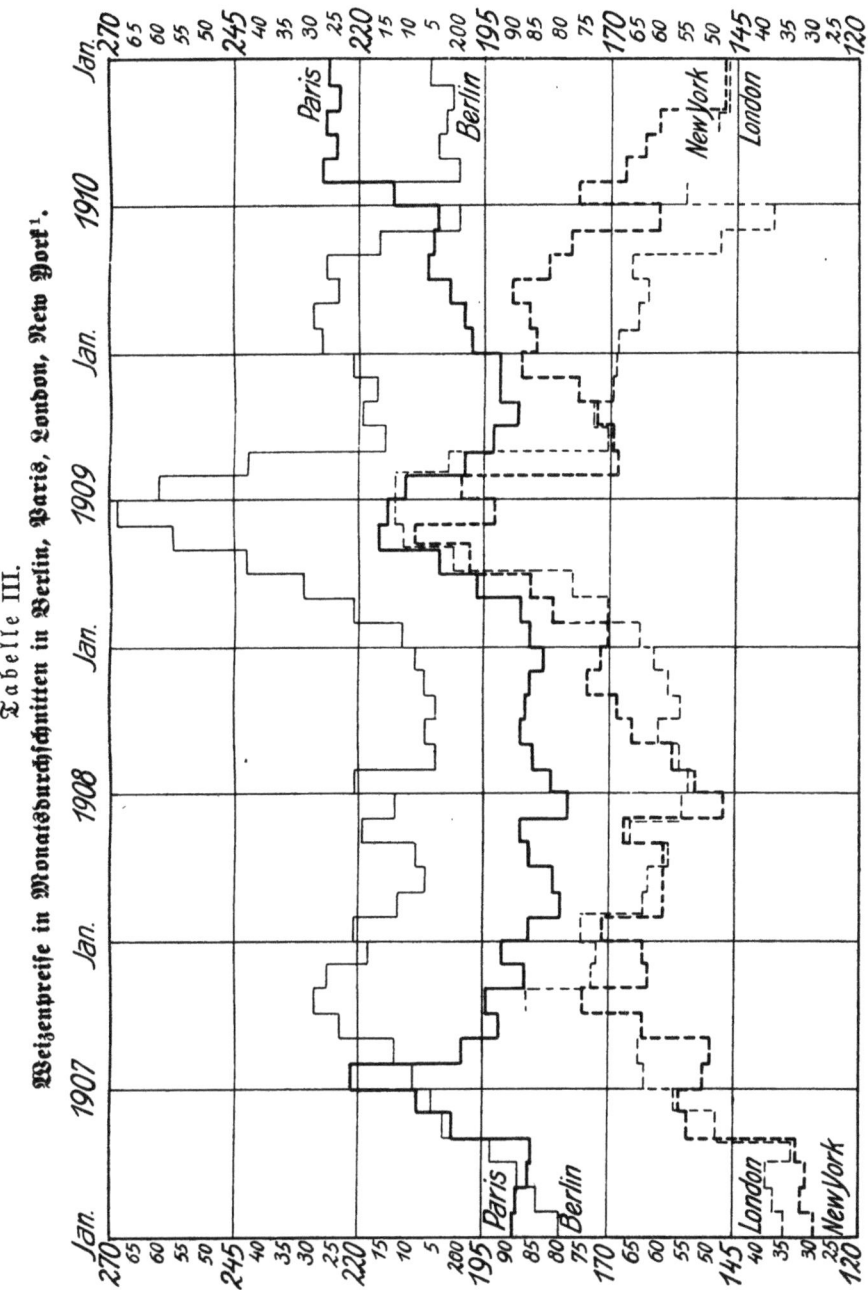

[1] Vierteljahrshefte zur Statistik des Deutschen Reiches 1911 I S. 70 und 93.

Tabelle IV.

Weizenpreise in Wochendurchschnitten im Jahre 1910¹ (in Mark per Tonne).

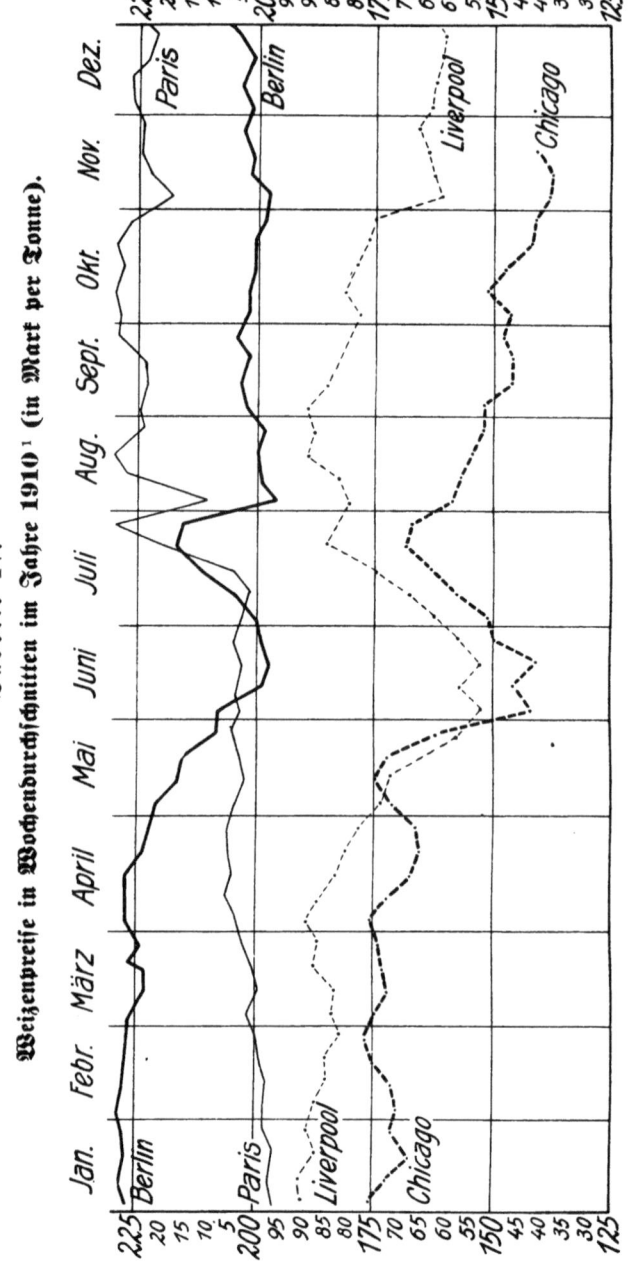

¹ Vierteljahrshefte zur Statistik des Deutschen Reiches 1911 I S. 50 ff.

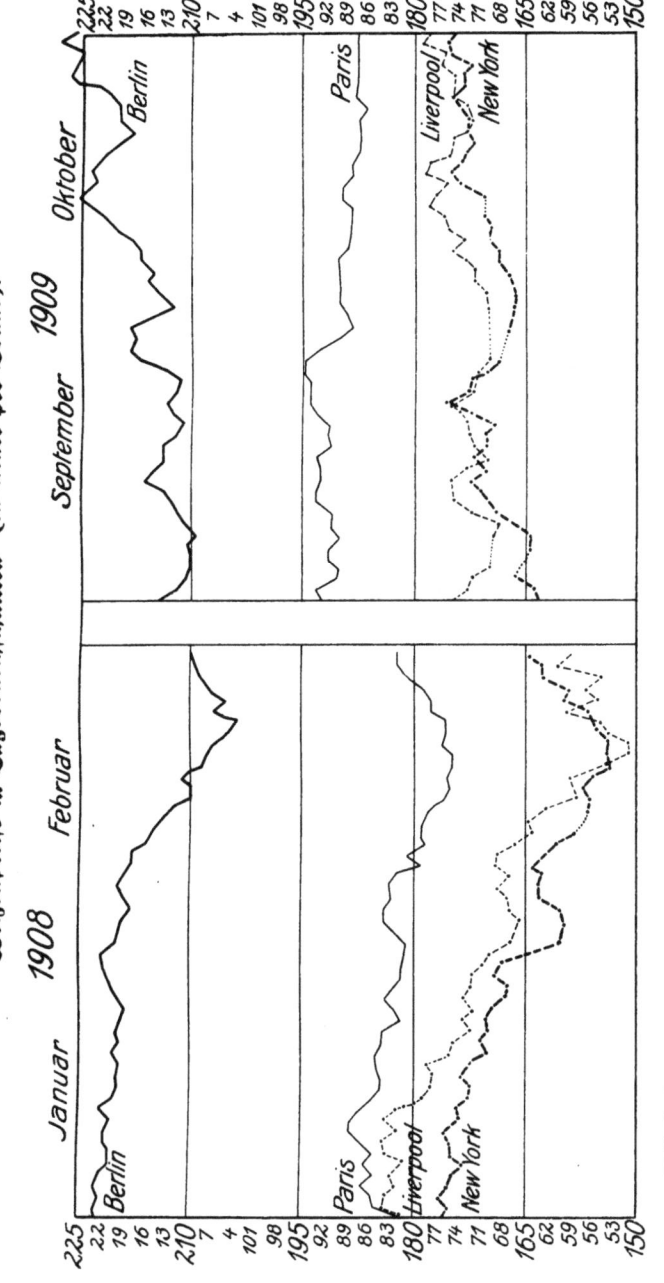

Tabelle V.

Weizenpreise in Tagesdurchschnitten[1] (in Mark per Tonne).

[1] Vierteljahrshefte zur Statistik des Deutschen Reiches 1910 II S. 56 ff.

Kürze halber etwa) England, ist also eine bestimmbare Größe und hält sich bei den geringen Frachtsätzen der Gegenwart in engen Grenzen.

Wenn man die Monats- und Wochenpreise verfolgt, welche für alle größeren Börsen in den Vierteljahrsheften zur St. b. D. R. für jedes Jahr zusammengestellt werden, so findet man die bisherigen Ergebnisse bestätigt.

Kurze charakteristische Ausschnitte dieser Bewegung zeigen die vorstehenden graphischen Darstellungen.

Es ist leicht zu erkennen, daß das Preisniveau eines Landes gegenüber dem Weltmarkt während oder kurz nach den Erntemonaten durch den Ausfall der Ernte bestimmt wird, und daß im weiteren Verlauf des Erntejahres die Preisbewegung in den Monats- und Wochendurchschnitten in großen Zügen in allen Ländern eine gleichlaufende ist.

Eine Betrachtung der täglichen Preisbewegung zeigt dasselbe Ergebnis: Eine allgemeine Divergenz der Bewegung kurz vor oder während der Erntezeit, im übrigen aber häufige Gleichmäßigkeit der Preisbewegung und Preisschwankung auch von Tag zu Tag.

Es zeigt sich aber, daß tägliche Abweichungen weit zahlreicher sind, als wöchentliche oder monatliche, d. h. also, daß die gegenseitigen Abweichungen und Ausnahmen um so häufiger werden, je kleiner man die Preisdurchschnitte wählt.

Man hat bestritten, daß diese gleichmäßige Preisentwicklung eine Folge des Zusammenwirkens aller sachlichen Faktoren auf dem Weltmarkte sei. In Literatur und Presse erscheint als herrschende Meinung, daß die europäischen Börsen in ihrer Preisbildung von den großen amerikanischen Börsen abhängig wären. So sagt Norden[1] von Liverpool, der selbständigsten europäischen Getreidebörse, sie wäre nur ein Reflex von New York und Chikago.

Diese Behauptung ist einfach zu widerlegen.

Die amerikanischen Börsen finden nach europäischer Zeit erst am Nachmittag statt (der Tag beginnt in New York etwa sechs Stunden später als in Antwerpen). Es findet also an den europäischen und amerikanischen Börsen keine gleichzeitige Preisbildung, sondern eine fortlaufende Preisentwicklung statt. Verfolgt man die Preise in den letzten Jahren, so findet man häufiger, daß an demselben Tage die Preisbewegung in Europa und Amerika die gleiche Richtung aufweist, woraus wir auf eine Beeinflussung der amerikanischen durch die europäischen Börsen schließen

---

[1] Norden, Berichterstattung über Welthandelsartikel. Berlin 1910. Seite 85.

können, viel seltener aber, daß der Preisbewegung Amerikas am nächsten Tage eine korrespondierende in Europa folgt, was einen Einfluß der amerikanischen Börsen vermuten läßt.

3. Die Bewegung der Jahrespreise.

a) Die Regelmäßigkeit der Bewegung.

Kehren wir nun zur Entwicklung der Preise in den letzten Jahrzehnten zurück. Wir erinnern uns, daß sich die Preise in sämtlichen Ländern infolge der Veränderungen unseres Verkehrswesens und der Organisation des Handels allmählich genähert hatten und dann unter dem Druck der überseeischen Konkurrenz eine in allen Ländern gleichmäßige rückläufige Bewegung nahmen, worauf seit 1894 wieder eine allgemeine Steigerung folgte.

Man darf sich diese großen Entwicklungen nicht derart vorstellen, daß die Preise gleichmäßig von Jahr zu Jahr gestiegen oder gefallen sind. Aber die Preise zeigen in den einzelnen Jahren auch nicht ein wildes, regelloses Hin und Her oder Auf und Ab der Bewegung. Wenn man die Jahresdurchschnittspreise Berlins von 1885—1910 (Tabelle II auf Seite 11) verfolgt, so findet man, daß jede Bewegung nach oben oder unten sich über mehrere Jahre erstreckt. In diesen fünfundzwanzig Jahren ist es nur einmal (im Jahre 1901) vorgekommen, daß der Preis in einem einzelnen Jahre gestiegen, während er vorher und nachher gefallen ist. Um diese Art der Preisbewegung deutlicher zu machen, seien zunächst die Preise Englands von 1830—1900 graphisch dargestellt (siehe nächste Seite).

In den siebzig dargestellten Jahren finden sich nur zwei Jahre, die nicht in einer Entwicklung liegen (1844, 1887), und auch bei diesen handelt es sich nur um geringfügige Abweichungen. Wir erkennen, daß die kurzen Entwicklungen in den beiden Jahrzehnten 1870—1890 liegen, in denen durch den von Jahr zu Jahr immer überwältigender werdenden Druck der überseeischen Länder auf den englischen Markt jedes längere Ansteigen der Preise verhindert wurde. Gerade in dieser Zeit liegt auch die längste regelmäßige Entwicklung der ganzen Periode über fünf Jahre, das ununterbrochene Fallen von 1881—1886. Erst im Jahre 1894 scheint die überseeische Konkurrenz den Preis auf das letzte noch erreichbare Minimum herangedrückt zu haben, so daß sich von 1890—1897 zum ersten Male wieder eine regelmäßige Preiswelle zu bilden vermag, wie

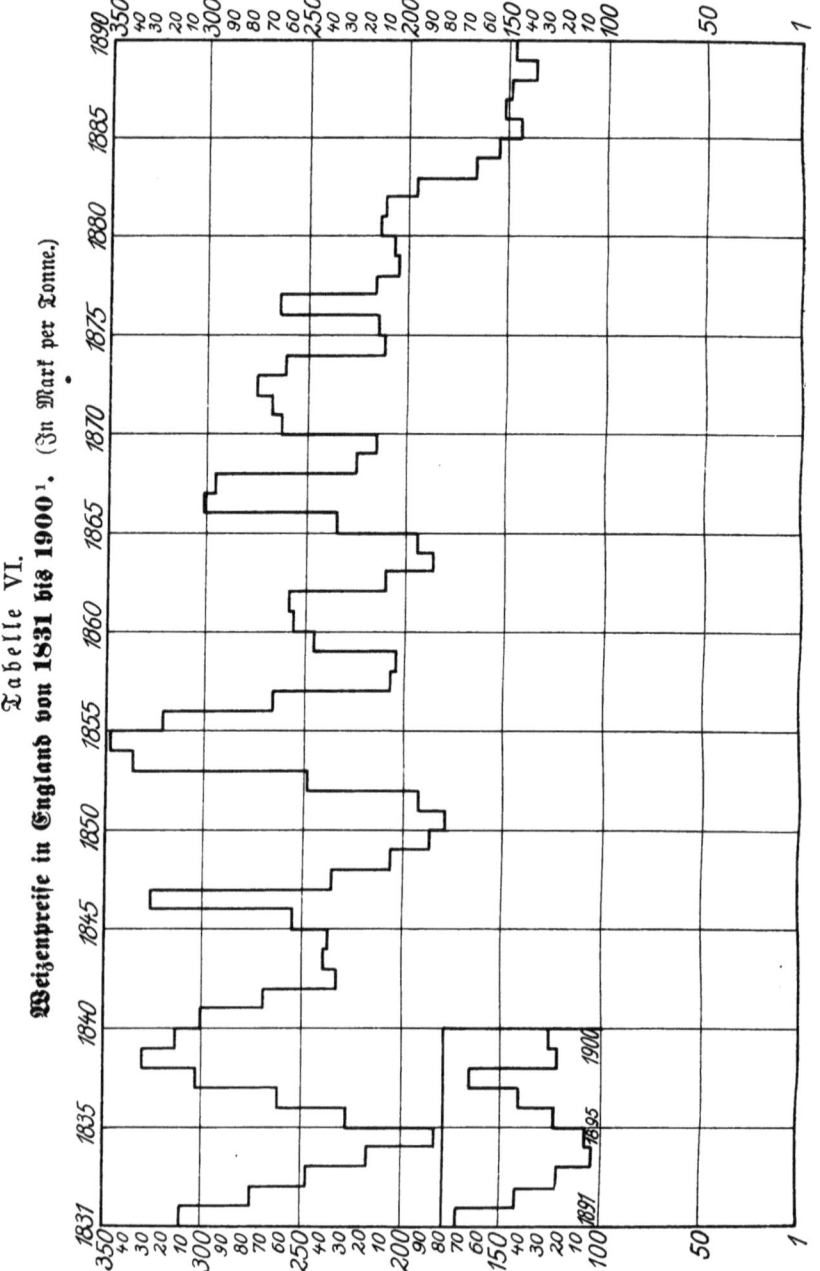

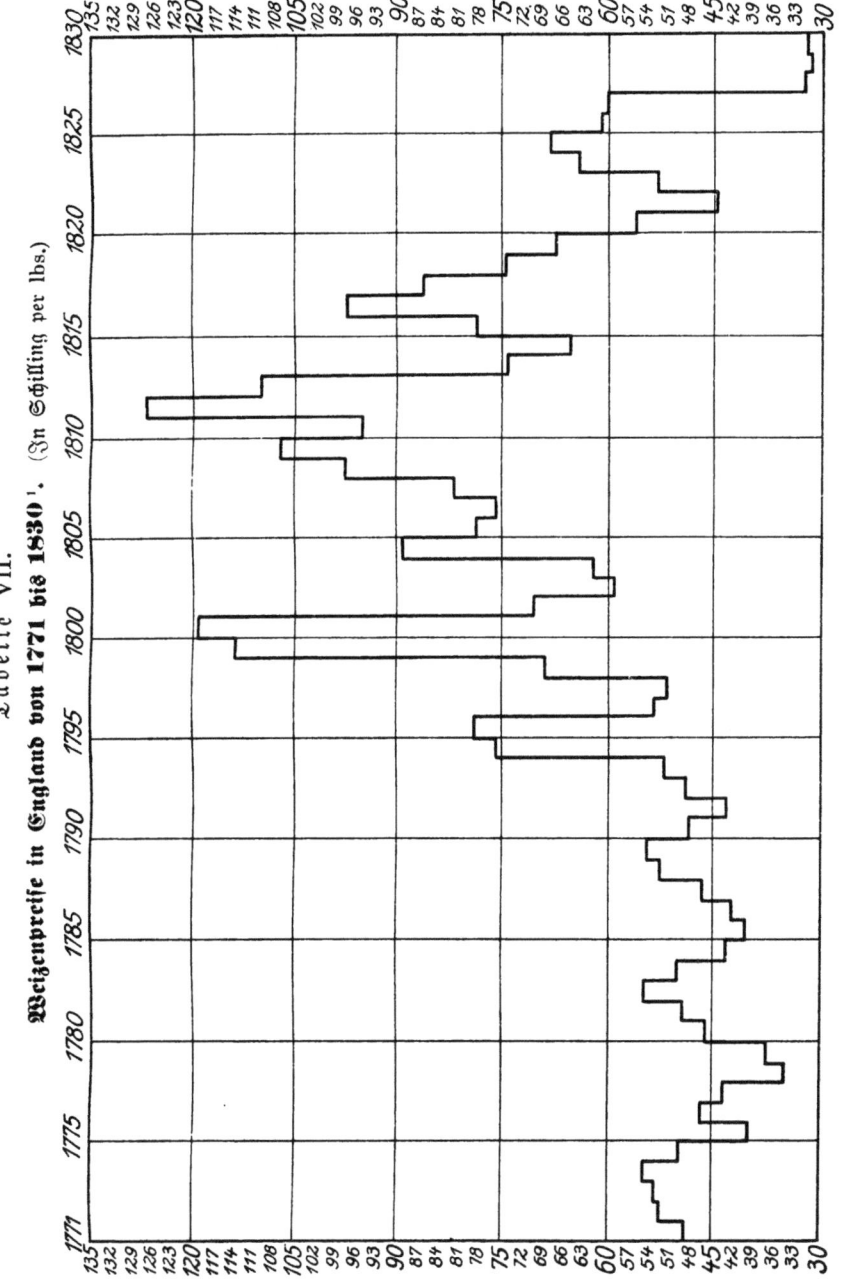

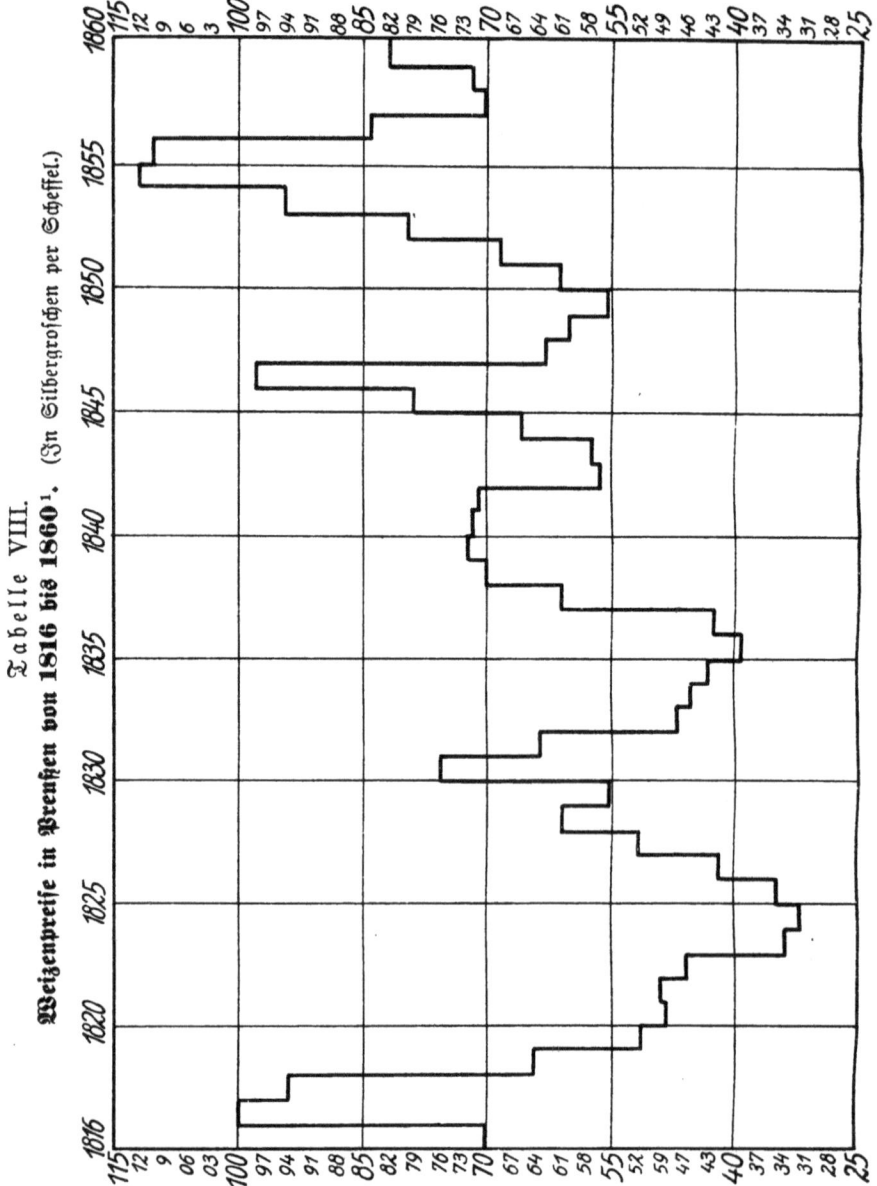

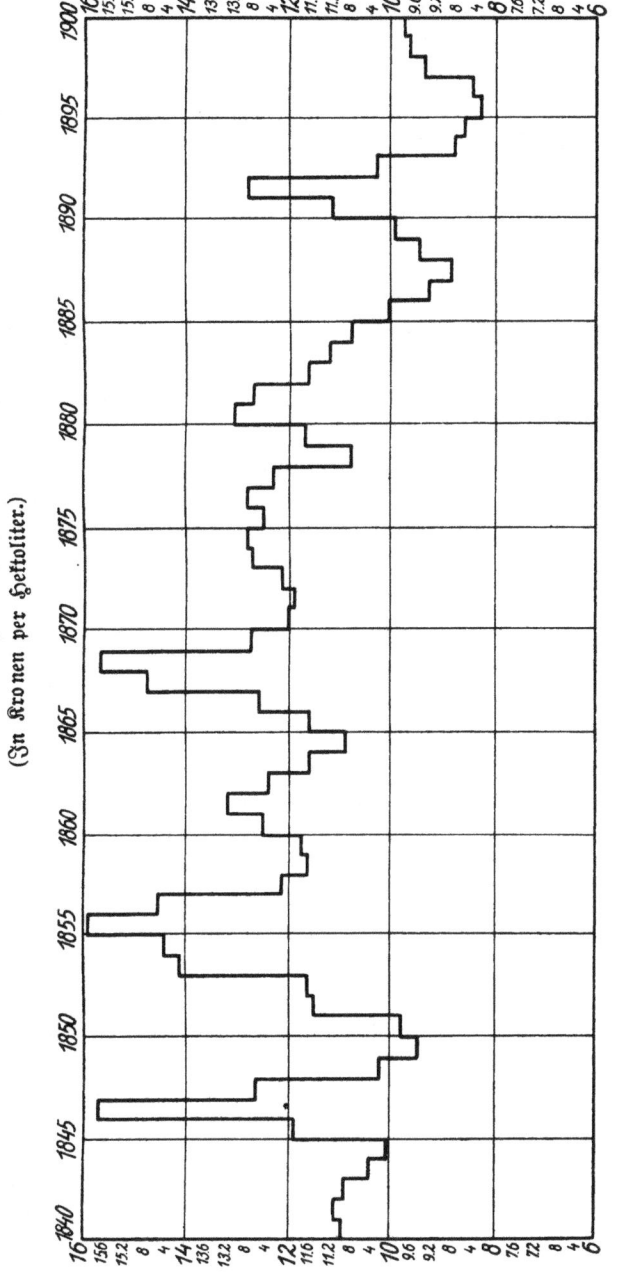

Tabelle IX.
Roggenpreise in Norwegen von 1841 bis 1900[1].
(In Kronen per Hektoliter.)

[1] Béla Földes, Die Getreidepreise im 19. Jahrhundert in Conrads Jahrbüchern III. F. Bd. 29 S. 491.

das vor dem Eintritt der überseeischen Konkurrenz die Regel gebildet zu haben scheint.

Die Preiswellen zeigen eine erstaunliche Regelmäßigkeit. Die vier Maxima in den Jahren 1831, 1839, 1847, 1855 haben den gleichen Abstand von je acht Jahren, die fünf Minima 1827, 1835, 1842, 1851, 1859 dreimal ebenfalls ein Zwischenraum von acht, einmal von neun Jahren. Diese Zahlen sind darum von Bedeutung, weil die Jahre, in denen sich die Preise in so erstaunlicher Regelmäßigkeit bewegen, Jahre ruhiger Entwicklung sind.

Ähnliche Entwicklungslinien und Preiswellen finden sich schon vorher in England (wenn auch hier durch die vielfachen politischen Einflüsse die natürliche Entwicklung oft durchbrochen wurde), sind aber auch in allen anderen Ländern zu konstatieren. Das zeigen die graphischen Darstellungen der Preise in England von 1775—1830 (Tabelle VII), in Preußen von 1816—1860, in Frankreich von 1821—1868 und die Zahlentabelle auf S. 23 für Preußen und Österreich von 1821—1900. Daß die Verhältnisse bei den anderen Getreidearten ähnliche sind, zeigt die graphische Darstellung der Roggenpreise in Norwegen von 1840—1900 (Tabelle IX).

Man könnte vielleicht meinen, daß dieser eigenartigen Erscheinung der Regelmäßigkeit in der Preisbildung keinerlei wirtschaftliche Ursachen zugrunde liegen, sondern daß sie sich als eine Folge der besonderen Bildung des Jahresdurchschnittes ergibt. Die Ernte, der bedeutsamste Faktor für die Bestimmung der Preishöhe erstreckt ihre preisbestimmende Wirkung über die Monate des Erntejahres August bis Juli, während alle bisher angeführten Jahrespreise immer den Durchschnitt eines Kalenderjahres von Januar bis Dezember darstellen. In den Kalenderjahrespreisen kommen daher zwei Ernten zum Ausdruck: Die Ernte des vergangenen Jahres, die bereits im vorhergehenden Kalenderjahr eine Wirkung auf das Preisniveau ausgeübt hat, und die Ernte desselben Jahres, die noch den Preis im nächsten Jahre beeinflußt. Auf diese Weise können Unregelmäßigkeiten in der Preisbildung der Erntejahre völlig verschwinden. Ich will das an einem Beispiel deutlich machen. Nehmen wir an, es wären gemäß dem Ausfall der Ernten in sechs aufeinanderfolgenden Erntejahren die Preise:

35, 20, 50, 30, 15, 25,

also ganz regellos; nehmen wir ferner an, daß sich die Durchschnittspreise in den Sonnenjahren aus der halben Summe der Preise zweier Ernte-

Die Bewegung der Weizenpreise und ihre Ursachen. 23

Weizenpreise in Preußen und Österreich von 1821 bis 1900[1].

Jahr	Preußen Mk. p. Tonne	Österreich Gulden p. hl	Jahr	Preußen Mk. p. Tonne	Österreich Gulden p. hl
1821	133		1861	221	10,02
1822	131		1862	214	8,64
1823	126		1863	184	8,05
1824	90		1864	159	6,76
1825	83	fehlt	1865	163	5,45
1826	91		1866	196	8,70
1827	115		1867	258	10,19
1828	138		1868	250	8,92
1829	159		1869	194	8,43
1830	151		1870	204	9,29
1831	188	5,13	1871	234	10,22
1832	155	4,79	1872	242	10,99
1833	111	4,24	1873	264	12,52
1834	105	4,59	1874	240	10,04
1835	109	5,30	1875	196	8,41
1836	104	4,36	1876	210	10,05
1837	114	3,45	1877	230	10,50
1838	151	3,85	1878	202	8,56
1839	179	4,67	1879	196	9,54
1840	167	5,07	1880	219	9,89
1841	157	4,76	1881	220	9,45
1842	174	5,47	1882	208	
1843	149	4,90	1883	185	
1844	137	4,28	1884	173	
1845	155	5,04	1885	162	
1846	206	7,10	1886	157	fehlt
1847	263	9,39	1887	164	
1848	150	6,84	1888	174	
1849	147	6,56	1889	183	
1850	139	6,10	1890	192	
1851	150	6,81	1891	222	
1852	172	7,58	1892	189	
1853	205	8,66	1893	156	
1854	258	12,77	1894	135	
1855	284	12,43	1895	140	fehlt
1856	270	9,72	1896	155	
1857	204	7,10	1897	165	
1858	182	6,73	1898	—	
1859	179	6,93	1899	—	
1860	210	9,01	1900	—	

jahre bilden ließen, so würde eine ganz regelmäßige Preislinie innerhalb der Sonnenjahre entstehen, nämlich:

27,5, 35, 40, 22,5, 20.

---

[1] Das Getreide im Weltverkehr a. a. O. Seite 699 und Zeitschrift des Kgl. Preuß. stat. Bureaus. 1887. S. 211.

Tabelle X.

Weizenpreise in Frankreich von 1821 bis 1870[1].

(In Frank per Hektoliter.)

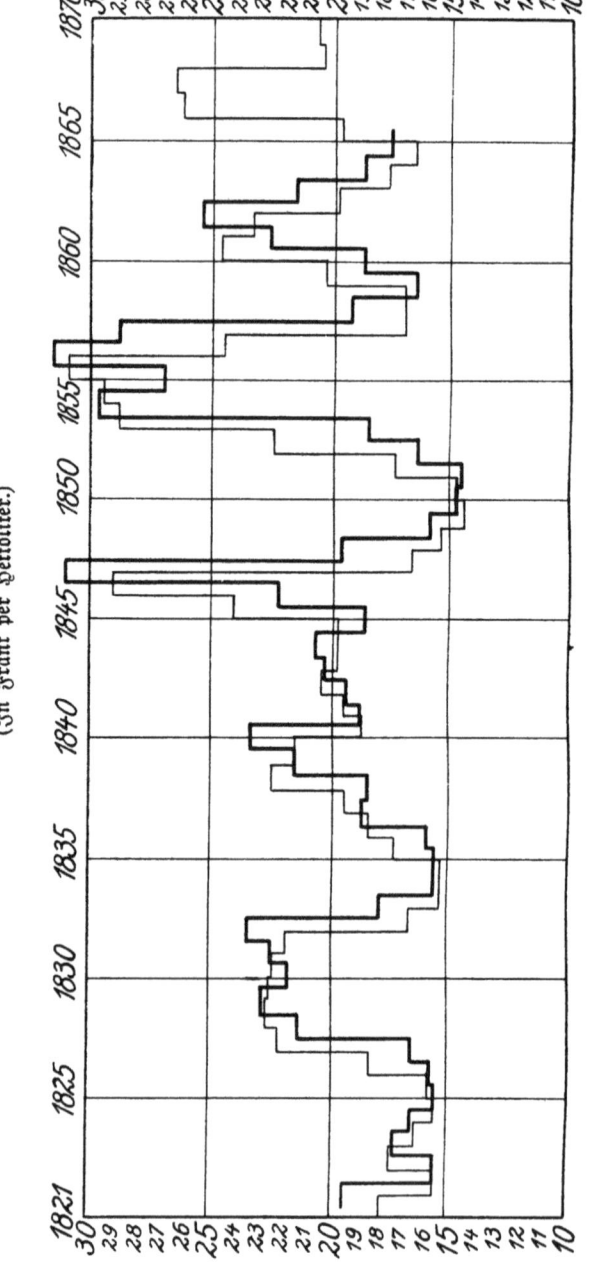

—— Preise im Durchschnitt der Erntejahre.
—— „   „   „   „   Sonnenjahre.

[1] Béla Földes, Die Getreidepreise im 19. Jahrhundert in Conrads Jahrbüchern III. F. Bd. 29 S. 481.

Wir müssen uns darum den Durchschnittspreisen der Erntejahre zuwenden. Die Statistik hat diesen bisher nur geringe Aufmerksamkeit geschenkt, und so finden sich solche Angaben im 19. Jahrhundert auch nur für Preußen von 1867 bis auf die Gegenwart[1] und für Frankreich von 1801—1865[2].

Die graphische Darstellung der Preise in Frankreich (Seite 24) läßt erkennen, daß die oben ausgesprochene Vermutung mitunter zutrifft. So ist z. B. das schlechte Erntejahr 1855, das die Regelmäßigkeit der Preisbewegung innerhalb der Erntejahre durchbricht, im Preisdurchschnitt der Sonnenjahre verschwunden und eine regelmäßige Welle entstanden. Aus der Tabelle ist aber ersichtlich, daß mit der Besonderheit der Preisberechnung in Sonnenjahresdurchschnitten, wobei jede Ernte, d. h. der stärkste preisbestimmende Faktor, mit ihrer einheitlichen Wirkung in zwei Jahrespreisen erscheint, die Wellenform der Preise nicht erklärt ist. In der graphischen Darstellung der Preisbewegung der Erntejahre erscheint dieselbe Regelmäßigkeit der Entwicklungslinien, und es finden sich auch hier regelmäßige Wellen, die keine Lücke aufweisen, so von 1847—1854, 1856—1862.

b) **Abnahme in der Größe der Differenzen zwischen dem höchsten und niedrigsten Jahresdurchschnitte innerhalb der Jahrzehnte.**

Nachdem wir nunmehr festgestellt haben, daß innerhalb der großen Entwicklungen (der zehnjährigen Durchschnitte) die Jahrespreise die Tendenz zeigen, sich in Wellenform zu bewegen, müssen wir nunmehr auf die Größe dieser Wellen eingehen. Doch zunächst die Vorfrage: Sind die Preisdifferenzen von zwei aufeinanderfolgenden Jahren heute noch ebenso groß wie am Anfang des Jahrhunderts?

Die Tabelle (S. 26) zeigt, daß die absolute und relative Größe der Preisdifferenzen unmittelbar aufeinanderfolgender Jahre zurückgegangen, vor allem aber, daß sich die Häufigkeit der großen Differenzen verringert hat. Auch die Größe der Preiswellen ist zurückgegangen. Im Jahrzehnt 1830/40 war die Differenz zwischen dem höchsten und niedrigsten Jahresdurchschnittspreis in England 331,1 — 184,3 = 146,8 Mk. per Tonne, also 80 %

---

[1] St. Handbuch für den Preuß. St. I, S. 205, III, S. 246 und Statistische Jahrbücher für den Preuß. Staat. Hier erfolgt nur eine Feststellung der Preise in den Erntejahren.

[2] Mitteilungen des Statistique générale de France bei Földes a. a. O. S. 481.

**Differenzen der Weizenpreise über 15% zwischen zwei aufeinander-
folgenden Jahren in England[1].**

(In Mark per Tonne.)

Für den Zeitraum	Jahre	Preise	Differenz	Differenz in Prozenten des Vorjahres
von 1820 bis 1840	1820—1821	317,8—262,7	— 55,1	18
	1821—1822	262,7—208,9	— 53,8	21
	1823—1824	249,0—299,4	+ 50,4	20
	1834—1835	216,3—184,3	— 32,0	15
	1835—1836	184,3—227,2	+ 42,9	23
	1836—1837	227,2—261,6	+ 34,4	15
von 1840 bis 1860	1846—1847	256,1—326,8	+ 70,7	28
	1847—1848	326,8—236,6	— 90,2	28
	1852—1853	191,3—249,5	+ 58,2	30
	1853—1854	249,5—339,3	+ 89,8	36
	1856—1857	324,0—263,9	— 60,1	19
	1857—1858	263,9—206,9	— 57,0	22
	1859—1860	205,0—249,5	+ 44,5	22
von 1860 bis 1880	1866—1867	233,8—301,8	+ 68,0	29
	1868—1869	298,7—225,7	— 73,0	25
	1870—1871	219,4—265,5	+ 46,1	21
	1874—1875	260,8—211,6	— 49,2	19
	1876—1877	216,3—265,9	+ 49,6	23
	1877—1878	265,9—217,5	— 48,4	18
von 1880 bis 1900	1890—1891	149,1—173,0	+ 23,9	16
	1891—1892	173,0—141,8	— 31,2	18
	1898—1899	159,2—120,6	— 38,4	24
von 1900 bis 1910	1907—1908	160,0—186,0	+ 26,0	16
	1908—1909	186,0—158,0	— 28,0	15

des unteren Preises, während im letzten Jahrzehnt des Jahrhunderts die Differenz 173 — 107,3 = 65,7 Mk. oder 60% betrug. Diese zahlenmäßigen Ergebnisse sind auch auf der graphischen Darstellung der Preisbewegung in England zu erkennen (S. 18). Es ist das Jahrzehnt 1891/1900 unter das Jahrzehnt 1831/40 gezeichnet. Man ersieht daraus, um wieviel niedriger der Preisstand in England heute ist als vor achtzig Jahren, und um wieviel kleiner die Preiswellen und die Differenzen zwischen zwei aufeinanderfolgenden Jahren geworden sind.

---

[1] Vierteljahrshefte zur St. b. D. R. 1902 IV S. 170.

Ähnliche Resultate ergeben sich aus der Betrachtung der Preisbewegung für Preußen, Frankreich, Österreich-Ungarn, Niederlande, Dänemark und Schweden. Nur in Rußland sind die Ergebnisse weniger deutlich.

4. Die Monatspreise.

a) Regelmäßigkeit der Bewegung innerhalb der Erntejahre.

Die Monatspreise müssen wie die Jahrespreise nach den zwei Richtungen hin untersucht werden,

1. ob sich innerhalb des Jahres eine Regelmäßigkeit der Preisbewegung von Monat zu Monat erkennen läßt, die sich alljährlich wiederholt;

2. ob die Größe der Preisspannungen innerhalb der Jahre in jüngster Zeit abgenommen hat.

Es liegt über die Bewegung der Monatspreise eine ganze Anzahl eingehender Untersuchungen vor, die umfangreichsten wohl von Földes. Földes hat die Resultate seiner Arbeiten wie folgt zusammengefaßt: Die Preiswelle bietet das Bild einer doppelten, regelmäßig verlaufenden Wellenlinie. Nach der Ernte nähert sie sich das erste Mal dem Durchschnitt in den Herbstmonaten, in den Wintermonaten weicht sie von ihm nach oben oder unten ab. Im Frühjahr nähert sie sich wieder dem Durchschnitte, um in den Sommermonaten wieder von ihm abzuweichen.

Engel[1] weist nach, daß sich während der lokalen Preisbildung in der ersten Hälfte des 19. Jahrhunderts kein Gesetz eines bestimmten Steigens der Preise innerhalb der Erntejahre von Monat zu Monat nachweisen lasse. Doch gebe es eine typische Bewegung, die sich häufig wiederhole. Im Monat August stehen die Preise stets am tiefsten; sie steigen bis zum November. Im Dezember fallen sie. Im Januar gehen sie wieder etwas in die Höhe und behaupten bis Ostern dieselbe Ziffer. Nach Ostern aber nehmen sie entschieden steigende Tendenz an und verharren in ihr bis zum Juni. Erst der Juli, in welchem Monat die Ernte an vielen Punkten schon beginnt, drückt sie herab, wenn die Ernte gut ist, steigert sie aber sofort wieder, wenn sie knapp ist.

Engel kommt also gegenüber Béla Földes zu anderem Ergebnis, obwohl sich die Untersuchungen von Földes zum größten Teil auf dieselbe

---

[1] Engel, Die Getreidepreise, die Ernteerträge und der Getreidehandel im Preußischen Staat. In der Zeitschrift des Kgl. Preuß. statistischen Bureaus 1861.

Zeitepoche beziehen. Die Verschiedenheit erklärt sich durch die Verschiedenheit der Methode. Engel nahm zur Grundlage seiner Berechnungen die Monatspreise innerhalb der Erntejahre, Béla Földes diejenigen der Kalenderjahre. Es ist aber klar, daß, wenn überhaupt, sich eine Gesetzmäßigkeit der Bewegung nur innerhalb der Erntejahre werde finden lassen, weil in den Kalenderjahren durch die Verschiedenheiten zweier Ernten jede Gleichmäßigkeit aufgehoben werden muß. Es kann darum auch nur die Methode zu richtigen Ergebnissen führen, die als Grundlage die Monatspreise innerhalb der Erntejahre wählt. Eine Prüfung der tatsächlichen Verhältnisse ergibt, daß die Preisbewegung, wie sie Földes berechnet, der Wirklichkeit nicht entspricht.

Da die Vermutung naheliegt, daß die monatliche Preisbewegung nach der Umgestaltung des Verkehrs und Handelswesens eine andere geworden ist, als in der ersten Hälfte des 19. Jahrhunderts, so bedürfen die Berechnungen Engels für die Gegenwart eine Ergänzung. Ich stelle diese Berechnung zunächst für die Preisbewegung der zwanzig Jahre 1889 bis 1909 an der Börse in Berlin an. (Siehe Tabellen S. 29 und 30.)

Nach diesen Tabellen verteilen sich die Maximal- und Minimalpreise innerhalb der zwanzig Erntejahre folgendermaßen.

Es entfallen auf den Monat

	Maxima	Minima	Extreme[1]	Mittlere[1]
			Preisbildungen	
August	4	5	9	11
September . .	—	1	1	19
Oktober . . .	2	4	6	14
November . . .	—	—	—	20
Dezember . . .	—	3	3	17
Januar . . .	2	1	3	17
Februar . . .	—	—	—	20
März	—	2	2	18
April	2	1	3	17
Mai	5	1	6	14
Juni	2	1	3	17
Juli	3	1	4	16

[1] Unter extremer Preisbildung ist der höchste oder niedrigste Monatspreis eines Jahres zu verstehen, unter mittlerer Preisbildung alle übrigen.

Die Bewegung der Weizenpreise und ihre Ursachen.

Weizenpreise in Berlin in Monatsdurchschnitten von 1889 bis 1909[1]. (In Mark per Tonne.)

Erntejahr	August	September	Oktober	November	Dezember	Januar	Februar	März	April	Mai	Juni	Juli	Durchschnitt
1889/90	189,03	188,02	184,72	185,00	194,33	196,58	195,65	194,65	194,07	198,22	197,04	209,07	193,8
1890/91	195,04	192,00	191,16	191,52	189,52	189,62	195,98	209,19	226,36	240,50	232,50	237,26	207,5
1891/92	236,19	234,08	226,60	233,60	228,28	214,28	203,76	195,59	190,04	189,83	182,68	174,12	209,3
1892/93	159,40	152,79	153,33	152,46	148,60	151,73	152,17	149,62	155,20	159,72	157,85	158,62	154,3
1893/94	155,30	149,48	142,94	142,16	143,48	143,46	141,58	140,96	141,38	135,68	137,81	138,46	142,7
1894/95	135,11	131,84	124,59	129,04	133,67	136,35	134,71	139,69	143,25	154,73	155,75	143,99	138,8
1895/96	139,98	134,92	138,78	142,66	144,37	150,64	156,32	156,05	157,29	156,67	147,00	141,65	147,2
1896/97	144,12	152,77	164,19	174,25	173,28	177,27	171,60	165,28	160,59	161,56	159,98	163,73	164,0
1897/98	180,61	184,74	182,33	187,46	188,74	186,30	191,18	195,47	217,71	232,23	193,67	186,22	194,0
1898/99	157,04	165,19	170,12	165,66	164,75	162,88	159,51	155,55	156,32	159,13	161,83	159,04	161,4
Durchschnitt 1889—1898	169,2	168,6	167,9	170,3	170,9	170,9	170,3	170,2	174,3	178,8	172,6	171,2	171,3
1899/00	154,37	151,77	152,59	145,84	144,17	145,81	149,06	148,02	148,88	152,50	156,75	156,75	150,5
1900/01	155,70	155,60	153,50	149,50	149,50	154,50	158,35	159,25	167,40	174,25	169,50	164,00	159,2
1901/02	166,25	159,75	155,75	163,25	171,25	171,50	170,75	169,00	167,00	170,25	166,75	167,25	166,5
1903/04	163,88	158,77	156,95	159,35	162,66	163,22	169,59	173,60	174,38	175,66	173,25	173,25	167,0
1904/05	178,85	176,34	177,66	176,34	178,51	176,97	176,54	173,65	171,89	174,95	173,93	173,05	175,9
1905/06	169,62	170,02	174,34	179,30	183,06	182,52	178,96	175,46	182,26	184,82	182,57	181,69	181,7
1906/07	174,28	174,90	178,14	178,47	181,31	179,33	184,67	188,56	193,86	203,94	205,37	208,74	187,7
1907/08	213,20	224,68	228,26	226,14	218,41	221,00	212,20	208,00	208,70	220,55	212,16	221,30	217,8
1908/09	204,00	206,46	204,86	206,75	208,64	209,68	219,60	230,81	242,52	259,29	268,00	260,77	226,5
1909/10	241,85	213,28	220,31	217,80	222,72	227,08	227,62	224,04	225,21	215,31	199,71	211,50	220,5
Durchschnitt 1899—1910	182,2	179,4	180,2	180,3	182,0	183,2	184,7	185,0	188,2	193,2	190,8	191,8	185,0
Durchschnitt 1889—1910	175,7	174,0	174,0	175,3	176,4	177,0	177,5	177,6	181,2	186,0	181,7	181,5	178,5
20jährige Monatsdurchschnittspreise in Prozenten des 20jährigen Jahresdurchschnitts . .	98,6	97,7	97,7	98,4	99,0	99,4	99,6	99,8	101,7	104,4	102,1	102,0	100,0

[1] Vierteljahrshefte z. St. d. D. Reiches 1897 III 188. 1900 III 17 u. ff. Das Jahr 1902 mußte wegen Unvollständigkeit des Materials unberücksichtigt bleiben.

Weizenpreise in Berlin in Vierteljahresdurchschnitten[1].
(In Mark per Tonne.)

Erntejahr	I. Quartal	II. Quartal	III. Quartal	IV. Quartal
1889/90	187,0	191,9	195,0	201,4
1890/91	192,7	190,1	210,5	236,9
1891/92	232,2	225,6	197,3	182,2
1892/93	155,2	150,9	152,3	158,7
1893/94	149,2	143,1	141,3	137,3
1894/95	130,5	133,0	139,2	151,5
1895/96	137,9	145,9	156,5	148,4
1896/97	153,7	174,9	165,8	161,7
1897/98	182,9	187,5	201,5	204,0
1898/99	164,1	164,4	157,1	160,0
1899/00	152,9	145,3	148,6	155,3
1900/01	154,9	151,2	161,6	169,2
1901/02	160,6	168,4	168,9	168,1
1903/04	159,9	161,7	172,5	174,1
1904/05	178,3	177,3	174,0	174,0
1905/06	171,3	181,6	178,9	183,0
1906/07	175,8	179,7	189,0	206,0
1907/08	222,0	221,8	209,6	218,0
1908/09	205,1	208,3	230,0	262,6
1909/10	225,1	222,5	225,6	208,9
Durchschnitt von 1889—1909	174,57	176,25	178,76	183,06
20jährige Vierteljahresdurchschnittspreise i. Prozenten d. 20jährigen Jahresdurchschnitts . . .	98,0	98,9	100,3	102,8

Nach Quartalen geordnet:

	Maxima	Minima	Extreme	Mittlere Preisbildungen
Aug.—Okt. . .	6	10	16	44
Nov.—Jan. . .	2	4	6	54
Feb.—April . .	2	3	5	55
Mai—Juli . .	10	3	13	47

An der Börse in Wien war die Verteilung der Maxima und Minima auf die einzelnen Monate der Erntejahre 1872—1897 folgende[2]:

---

[1] Das Jahr 1902 mußte wegen Unvollständigkeit des Materials unberücksichtigt bleiben.
[2] Das Getreide im Weltverkehr. 1900 I, S. 386 ff.

Die Bewegung der Weizenpreise und ihre Ursachen. 31

	Maxima	Minima	Extreme	Mittlere Preisbildungen
August	3	4	7	18
September	—	6	6	19
Oktober	1	2	3	22
November	1	—	1	24
Dezember	1	—	1	24
Januar	—	2	2	23
Februar	2	—	2	23
März	1	1	2	23
April	3	—	3	22
Mai	9	—	9	16
Juni	2	2	4	21
Juli	2	8	10	15

Nach Quartalen geordnet:

	Maxima	Minima	Extreme	Mittlere Preisbildungen
I. Quartal	4	12	16	59
II. „	2	2	4	71
III. „	6	1	7	68
IV. „	13	10	23	52

Die Mehrzahl der Minima befindet sich in den Monaten nach der Ernte. Die Mehrzahl der Maxima am Ende des Erntejahres, besonders im Mai (wenn in Wien auf den Juli eine größere Zahl von Minimalpreisen entfallen, so liegt das daran, daß die Ernte in Österreich-Ungarn früher stattfindet, und der Juli so eigentlich schon in das neue Erntejahr hineingehört). Die größte Zahl der mittleren Preisbildungen fällt in die Mitte des Erntejahres.

Die Monate November und Februar sind in Berlin ganz ohne extreme Preisbildungen. Das bestätigt für den November eine alte Erfahrung. Schon im Mittelalter wählte man den Martinimonat zum Martinischlag, d. h. der Festsetzung des Preises für das ganze Jahr, und manche Statistiker lassen den Novemberpreis als Ersatz da eintreten, wo in früherer Zeit Jahresdurchschnittspreise fehlen. Daß sich im Februar keine extremen Preisbildungen finden, ist eine neue Erscheinung, die wohl damit zusammenhängt, daß durch die Ernten der südäquatorialen Länder um die Jahreswende ein neues Moment der Unsicherheit in die

Preisbildung getragen wird, und daß man erst im Februar wieder auf einige Zeit über die Verhältnisse ein deutlicheres Bild erhält.

Zieht man für die einzelnen Monatspreise der zwanzig Erntejahre 1889/1909 in Berlin den Durchschnitt und berechnet für sie die Prozentsätze zum zwanzigjährigen Durchschnitt, so ergeben sich folgende Verhältniszahlen:

August . 98,6	November 98,4	Februar. 99,6	Mai . . 104,4
September 97,7	Dezember 99,0	März . . 99,8	Juni . . 102,1
Oktober . 97,7	Januar . 99,4	April . . 101,7	Juli . . 102,0

Conrad[1] hat die Verhältniszahlen für die fünf Erntejahre 1883 bis 1888 berechnet. Das Ergebnis ist:

August . . 103,8	November 97,4	Februar. 99,1	Mai . . 104,5
September 96,4	Dezember 97,9	März . . 99,7	Juni . . 102,6
Oktober . . 96,1	Januar . 98,8	April . . 101,8	Juli . . 101,6

Der Preis steht also im August höher als im September oder auch Oktober. Von da an steigt er regelmäßig bis zum Mai, um wieder bis zur neuen Ernte zu sinken.

Berechnen wir die Verhältniszahlen für die vier Vierteljahre des Erntejahres, so ergibt sich vom Beginn bis zum Schlusse des Erntejahres eine regelmäßige Steigerung. Die Verhältniszahlen sind nämlich für die zwanzig Jahre 1889/1909:

I. Quartal 98,0,
II. „ 98,9,
III. „ 100,3,
IV. „ . . . . . . 102,8.

Bei Conrad finden sich die Verhältniszahlen für die fünfundzwanzig Jahre 1878/1893 für Berlin. Die Zahlen sind:

I. Quartal 97,6,
II. „ 98,2,
III. „ 101,1,
IV. „ . . . . . . 103,0.

Zu denselben Ergebnissen führen die Berechnungen der Preisbewegung an der Pariser Börse[2].

---

[1] Conrads Jahrbücher III. Folge, Bd. 9, S. 253.
[2] Hans Rubloff, Studien über den Pariser Getreidehandel in Conrads Jahrbüchern III. F., Bd. 30, S. 225 ff.

b) **Abnahme der Preisdifferenzen zwischen dem höchsten und niedrigsten Durchschnitt innerhalb eines Jahres.**

Wir kommen zur zweiten Frage, wie sich die Preisdifferenzen innerhalb eines Jahres in früherer Zeit zu denen der Gegenwart verhalten. Ist eine Verringerung der Preisdifferenzen in der Gegenwart zu konstatieren?

Auch hier wäre von größerem Wert, die Veränderungen der Preisdifferenzen innerhalb der Erntejahre festzustellen. Das vorhandene Zahlenmaterial gestattet aber für die frühere Zeit nur einen Einblick in die Veränderung der Preisbewegung innerhalb der Kalenderjahre.

Folgende Tabelle der höchsten und niedrigsten Wochendurchschnittspreise der Kalenderjahre von 1831—1869 und 1870—1908 zeigt die Veränderung, die sich neuerdings vollzogen hat. Es entfallen Differenzen in Prozenten [1]:

auf die Jahre	0—10	10—20	20—30	30—40	40—50	50—60	über 60
1831—1869	---	5	18	9	2	2	3
1870—1908	1	13	12	8	3	1	1

Es zeigt sich, daß die Differenzen innerhalb eines Jahres sich verringert haben und große Differenzen seltener geworden sind.

5. Tägliche Preisbewegung.

Wir müssen nunmehr bei der Betrachtung der Preise noch einen Moment bei der täglichen Preisbewegung verweilen. Konnten wir bisher bei den zehnjährigen, Jahres-, Vierteljahres- und Monatspreisen häufig eine Regelmäßigkeit der Bewegung aufdecken, so hört hier eine solche vollkommen auf. Die tägliche Preiskurve zeigt eine unregelmäßige Bewegung, die keine Gesetzmäßigkeit erkennen läßt.

Fassen wir noch einmal die wichtigsten Ergebnisse kurz zusammen.
1. Die Preisbewegung zeigt, wenn man einen größeren, etwa zehnjährigen Durchschnitt wählt, eine regelmäßige Aufwärts- oder Abwärtsbewegung über längere Zeiträume. Sie ist in den einzelnen Ländern bis etwa zu den siebziger Jahren des 19. Jahrhunderts eine verschiedene, dann nach der Ausbildung eines Weltmarktes eine einheitliche.

---

[1] Das Getreide im Weltverkehr a. a. O. 1900 I S. 351 und 1909 S. 131.

2. Die Bewegung der Jahrespreise zeigt eine Tendenz zur regelmäßigen Wellenform.

3. Die Vierteljahresdurchschnitte zeigen innerhalb der Erntejahre eine regelmäßige Steigerung.

4. Die Größe der Differenzen zwischen dem höchsten und niedrigsten Preise innerhalb eines Jahres, sowie innerhalb von Jahrzehnten hat abgenommen und die Häufigkeit der großen Differenzen sich vermindert.

II.
Die Ursachen der Preisbewegung des Getreides.
1. Die tägliche Preisbildung.

Während in dem ersten Teile die Preisbewegung in der Art dargestellt war, daß zuerst auf die großen Linien der Bewegung, dann auf die Einzelheiten aufmerksam gemacht wurde, soll bei der folgenden Schilderung der Ursachen umgekehrt zuerst gezeigt werden, wie sich im Widerstreit der Meinungen tagtäglich die Preise bilden, und welche von den zahlreichen preisbildenden Faktoren von besonderer Bedeutung sind und ihre Wirkung auch über längere Zeiträume, Monate, Jahre, Jahrzehnte hinaus erstrecken. Da die Preisbildung des Weizens auch für die anderen Getreidearten typisch ist, so wird im nachfolgenden von den Preisen des Getreides schlechthin die Rede sein.

Doch zunächst eine Abgrenzung der Darstellung. Es handelt sich im folgenden wesentlich um die Preisbildung an den großen Weltbörsen. Denn von dieser hängt jede Preisbildung außerhalb der Börsen ab. Die Kurszettel der wenigen großen Börsen bilden die Grundlage jedweder Preisnormierung, ganz gleichgültig, ob diese in Argentinien, im Innern Rußlands oder sonstwo vorgenommen wird.

a) **Verhältnis zwischen notwendigen Käufen und Verkäufen.**

Die Tagessituation der Marktlage wird in erster Reihe beeinflußt durch das Verhältnis der Offerten zu den Kauforders[1] oder besser durch das Verhältnis der notwendigen Käufe und Verkäufe, d. h. derjenigen Geschäfte, welche in jedem Falle an diesem Tage getätigt werden, ganz

---

[1] Jöhlinger, Praxis des Getreidegeschäftes an der Berliner Börse. Berlin 1910.

gleichgültig, wie die Preisbewegung sich gestaltet. Solchen Geschäften, die aus den verschiedensten Ursachen (unlimitierte Kauf- und Verkaufsaufträge von außerhalb, fällige, noch nicht gedeckte Lieferungen, Auktionen usw.) täglich getätigt werden müssen, wenden die Börsenmitglieder ihre besondere Aufmerksamkeit zu. Sie können aus einer ganzen Reihe äußerer Zeichen auf ein Überwiegen nach der einen oder anderen Seite schließen. Dafür einige Beispiele. Ein größeres Angebot, d. h. also ein Preisnachlaß von seiten der Verkäufer wird wahrscheinlich, wenn große Zufuhren angelangt oder große „schwimmende" oder „rollende" Getreidemengen gemeldet sind. Umgekehrt ist es eine bekannte Erscheinung, daß in den Exporthäfen vor dem Abgang großer Dampfer oder Segler die Preise steigen (man kann dafür für Königsberg eine ganze Reihe sehr instruktiver Beispiele liefern).

Eine bekannte Handelszeitung brachte vor nicht langer Zeit folgenden Fall. Am Berliner Markt, so heißt es da, erreichte die Preissteigerung für Roggen ihren Höhepunkt, als an einem Tage dieser Woche der Vorstand der Proviantämter an der Berliner Getreidebörse persönlich erschien. Man nahm an, daß nunmehr größere Einkäufe für das Heer gemacht werden würden. Doch war das ein Irrtum, denn der betreffende Herr wollte sich lediglich über den Grund der Aufwärtsbewegung orientieren. Als dies am nächsten Tage bekannt wurde, erfuhren die Preise einen wesentlichen Rückschlag.

Es ist dieses Beispiel darum so lehrreich, weil es zeigt, wie nicht Vorrat und Bedarf oder Angebot und Nachfrage, sondern nur die Meinung der Börsenmitglieder über diese Verhältnisse für die Preisgestaltung des einzelnen Tages bestimmend ist.

Wenn das Verhältnis der notwendigen Käufe und Verkäufe allein für die Höhe des Preises maßgebend wäre, so müßte das in den ersten Monaten nach der Ernte einen Preisdruck zur Folge haben. Daß das nicht geschieht (man ersieht das aus den Tabellen der monatlichen Preisbewegung), hat seine Ursache darin, daß der Handel zu allen Zeiten Ware aufnimmt, auch wenn er nicht dazu gezwungen ist.

b) **Die Bewertung der Ware bei freiwilligem Kauf und Verkauf. Statistische Erfassung der Marktlage.**

Die Preisnormierung ist bei freiwilligen Käufen naturgemäß eine andere als bei den notwendigen der ersten Art, bei denen der Käufer oft einen Preis zahlen muß, den er nach der allgemeinen Marktlage für zu hoch hält. Jeder freiwillige Kauf, soweit er nicht frühzeitiger, also auch freiwilliger Deckungskauf ist, wird dadurch charakterisiert, daß er erst in

einer späteren Zeit wieder durch einen Verkauf realisiert wird. Maß=
geblich wird also für die Preisbildung der Wert, den das Getreide in
diesem späteren Zeitpunkt haben wird. Der Handel ist daher gezwungen,
sich über die zukünftige Angebots= und Nachfragegestaltung zu orientieren,
um sich ein bestimmtes Bild der kommenden Preisentwicklung machen zu
können.

Um ein solches Urteil mit einiger Sicherheit zu ermöglichen, hat
man eine umfangreiche Statistik ins Leben gerufen, deren Resultate durch
ein ausgebildetes Nachrichtenwesen aufs schnellste überall bekanntge=
macht werden.

Die Feststellung der statistischen Situation des Marktes ist nach der
Jahreszeit verschieden. Vor einer Ernte müssen andere Momente in Be=
tracht gezogen werden als nach einer Ernte.

Zur Erfassung der statistischen Situation nach einer Ernte würde
gehören:

I. Die Feststellung der Getreidevorräte und der Getreidebewegung

a) an der betreffenden Börse oder in ihrem Wirtschaftsbereich;
b) auf der ganzen Erde.

    1. Statistik der Vorräte bei den Produzenten.
    2.   „   beim Handel.
    3.   „   des Exports und Imports aller Länder.
    4.   „   der schwimmenden Getreidemengen.

II. Feststellung der Nachfrage.

Die bisher geschaffene Statistik erfüllt nicht alle Forderungen, die
der Getreidehandel an sie stellt.

Eine Vorratsstatistik an den Börsen, deren Bedeutung für die Ge=
treideversorgung nicht eine lokale ist, sondern eine nationale und inter=
nationale, ist für die Beurteilung der zukünftigen Verhältnisse von geringster
Bedeutung, wenigstens in Westeuropa; denn es geht nur ein geringer
Teil der Getreidemengen, die an der Börse gekauft oder verkauft werden,
durch den Ort des Börsenplatzes hindurch (man denke an Liverpool
oder Berlin). Die örtliche Vorratsstatistik ist darum mangelhaft organisiert
und nur an einigen Börsenplätzen, die zugleich Exporthäfen sind (Odessa)
von Wert. Ersetzt wird sie durch die an allen Börsen täglich bekannt=
gegebenen Ziffern über die Ortszufuhren, d. h. für Binnenplätze und
Exporthäfen, die Bahn=, Fluß=, Kanal= usw. Zufuhren, für Import=
häfen die Ankünfte durch Dampfer und Segler. Zusammenfassend muß

über die Beurteilungsmöglichkeit der örtlichen Verhältnisse von seiten des Handels gesagt werden: Wenn auch die statistischen Grundlagen ungenügend sind, so haben doch die beteiligten Kreise an jedem Orte so viel Fühlung untereinander, daß diese beschränkten Veröffentlichungen zu einem einigermaßen richtigen Urteil genügen.

Ganz anders steht es mit der zweiten Forderung einer Vorratsstatistik in den einzelnen Ländern und einer Zusammenfassung für die ganze Erde.

Die Vorräte in den Händen der Produzenten, die sogenannten unsichtbaren Vorräte werden nur in den Vereinigten Staaten einmal im Jahre am 1. März statistisch ermittelt[1].

Die sichtbaren Vorräte werden ebenfalls nur in den Vereinigten Staaten, aber wöchentlich aufgenommen, soweit sie in den Elevatoren lagern. Wenn auch hier die privaten Läger und die Elevatoren ländlicher Genossenschaften fehlen, so gibt doch die Veröffentlichung dieser „visible supplies" gewöhnlich ein einigermaßen verwertbares Zahlenmaterial[2].

Mit dieser Statistik der visible supplies ist alles angegeben, was an authentischem Material über die Vorräte irgendeines Landes vorhanden ist. Es gibt noch eine wöchentliche Statistik der Vorräte in Europa in der sogenannten Bradstreetstatistik und sogar eine monatliche Zusammenfassung der sichtbaren Weltbestände des Weizens in dem bekannten Fachblatte Beerbohms „Evening Corne Trade List". Aber diese Statistik — in Wirklichkeit ist es ja keine — beruht nicht auf amtlichem Material, sondern auf privaten Schätzungen, die in der Vollständigkeit und Sicherheit ihrer Ergebnisse sehr mangelhaft sind.

Am besten organisiert ist die Berichterstattung über die Getreidebewegung, d. h. über die Weltverschiffungen und die schwimmenden Getreidemengen. Die Größe der Verschiffungen wird in jeder Woche in den Vereinigten Staaten, in Kanada, Argentinien, Indien, Australien, Rußland und den Donauländern besonders ermittelt und aus der Zusammenstellung der Weltexport des Getreides berechnet. Auf Grund dieser Zahlen und der gemeldeten Ankünfte in Europa ermittelt das englische Fach-

---

[1] Im Jahre 1911 ist auch zum ersten Mal eine von der Preisberichtsstelle des Deutschen Landwirtschaftsrates ausgehende Statistik der Vorräte in Deutschland, soweit sie sich am 1. März im Besitz der Landwirte befanden, veröffentlicht worden.

[2] Norden a. a. O. S. 58.

blatt „Der Dornbusch" die nach Westeuropa schwimmenden Getreidemengen[1].

Man vermag sich also aus diesen Zahlen der Weltverschiffungen und der schwimmenden Getreidemengen für eine kurze Zukunft ein Urteil über die Angebotsgestaltung ausländischen Getreides in den Konsumländern zu bilden. Sichere Berechnungen aber über längere Zeiträume sind nicht möglich, weil mangels einer genügenden Vorratsstatistik eine Beurteilung der Größe der Verschiffungen schon für die nächsten Tage unmöglich ist.

Die Beurteilung der zukünftigen Angebotsgestaltung genügt aber nicht allein zur Bestimmung der künftigen Preisbewegung. Denn es ist keineswegs eine große Zufuhr oder große schwimmende Getreidemengen mit einem Sinken des Preises identisch. In den ersten Monaten des Jahres 1909 z. B. wurden so enorme Mengen von Getreide verschifft, daß die schwimmenden Zufuhren, die zu Jahresbeginn 548 000 t betrugen, Mitte März auf 1 589 000 t anschwollen, von denen fast eine Million Tonnen Order nach Großbritannien hatten. Da aber die argentinischen und anderen Ankünften sich infolge der lebhaften Nachfrage rasch verteilten, trat ein Fallen der Preise nicht ein[2]. Es ist also die Gestaltung der Nachfrage von ebenso großer Bedeutung wie die des Angebots.

Eine Beurteilung der Nachfrage in betreff ihrer Größe und Dringlichkeit würde durch eine statistische Erfassung derjenigen Vorräte ermöglicht werden, welche sich im Besitz der Müllerei befinden. Eine solche Statistik ist bisher in keinem Lande versucht worden, und der Handel ist auch hier auf Vermutungen, auf dauernde Orientierung durch einen möglichst großen Kundenkreis usw. angewiesen.

Eine Bewertung des Getreides also allein auf Grund der statistischen Situation gibt es nicht. Jede Bewertung, jede Preisbildung ist noch heute Sache des Gefühls.

Noch unsicherer liegen die Verhältnisse vor einer Ernte. Wohl spielen auch vor einer Ernte die Vorräte und der Gang der Getreidebewegung eine Rolle. Aber das Interesse konzentriert sich vorwiegend auf die Entwicklung der zukünftigen Ernte.

Die Statistik erfaßt die Größe der Anbauflächen, den Stand der Saaten, die Schätzung der Ernte.

---

[1] Siehe die Veröffentlichung der Preisberichtsstelle des Deutschen Landwirtschaftsrates.

[2] Bericht über den Handel usw. 1909 a. a. O. S. 58.

Die wechselnde Größe der Anbauflächen ist für die Größe des Ertrages von untergeordneter Bedeutung. Es wird das weiter unten noch nachgewiesen. Die Angaben darüber erscheinen außerdem zum Teil so spät — in Preußen erst nach der Ernte — daß sie zur Beurteilung der Marktlage gar nicht herangezogen werden können.

Dagegen erscheinen die Saatenstandsberichte in den meisten Ländern schon sehr früh und werden monatlich veröffentlicht. Sie sind darum von Bedeutung, weil sie der Beurteilung des Handels eine bessere Grundlage und größere Sicherheit geben. Denn auch der Handel verfolgt die Entwicklung der Saaten. Die ihm von allen Teilen der Erde zuströmenden Nachrichten gelten aber immer nur für einzelne Landesteile, kommen zu verschiedenen Zeiten und sind häufig unsicher und unglaubwürdig. Durch die amtlichen Saatenstandsberichte, die mit Hilfe eines ungeheuren Apparates von Beamten und Berichterstattern (in Deutschland z. B. mit Hilfe von 8000 Vertrauensleuten) hergestellt werden, wird ein umfassendes Bild des Saatenstandes eines ganzen Landes zu einer bestimmten Zeit gegeben, und der Handel gewinnt so die Möglichkeit einer Kontrolle seines Urteils.

Liegt es in der Natur solcher Berichte, daß sie von Monat zu Monat andere Zahlen und Ergebnisse bringen, so scheint es doch, als ob mitunter die veränderte Note des Saatenstandes nicht allein auf eine Veränderung der Saaten, sondern auf einen Fehler in der Beurteilung oder auf die Korrektur eines Fehlers zurückzuführen ist. Eine Kontrolle für die Richtigkeit bietet der Vergleich der letzten Begutachtungsziffer des Saatenstandes kurz vor der Ernte mit den Ernteschätzungen. Dabei zeigt sich z. B. für das Jahr 1909: Es waren die letzten Durchschnittsnoten für die Saaten im August 1909 für Winterweizen 2,7, für Sommerweizen 2,4, also (da die Begutachtungsziffern sich zwischen 1 und 5 bewegen) zwischen gut und mittel. Der Ernteertrag desselben Jahres war aber 20,5 Doppelzentner pro Hektar gegenüber einem zehnjährigen Durchschnittsertrag der Jahre 1899/1908 von 19,3 Doppelzentner pro Hektar, also bedeutend über dem Durchschnittsertrag, und überhaupt die reichste Ernte, die Deutschland je gehabt hat. Man darf sich aber dieses Ergebnis, wenn es auch sachlich unrichtig war und darum in Deutschland größere Preisschwankungen verursachte, nicht allein aus einer falschen Beurteilung der Verhältnisse entstanden denken. Es zeigt sich nämlich, daß der Begriff einer Mittelernte bei dem Handel und bei den landwirtschaftlichen Sachverständigen verschieden ist. Der Handel versteht unter einer Mittelernte den Durchschnitt der Ernten in den letzten Jahren, während der Landwirt von den vorjährigen Ernten ganz absieht und den Saatenstand nur noch auf Grund des jeweiligen Kulturzustandes und der jeweiligen landwirtschaftlichen Technik beurteilt. In Zeiten fortschreitender Technik und besserer Bodenbearbeitung, wie wir sie heute erleben, wird daher das, was die Landwirtschaft unter einer Mittelernte versteht, immer eine größere Ernte sein, als der Handel darunter anzunehmen geneigt ist. Das tritt in folgenden Zahlen deutlich hervor.

Es wurden pro Hektar an Doppelzentnern in Deutschland geerntet[1].

	1893—1899	1900	1900—1909
Weizen...	17,5	18,7	19,5
Hafer...	15,2	17,2	18,2

Die Ernte des Jahres 1900 ist im Vergleich zu den vorhergehenden eine Rekordernte, in der Tat aber nur eine Mittelernte[2].

Es zeigt sich aber, daß auch abgesehen hiervon, trotz des ungeheuren Apparates von Sachverständigen, Vertrauensleuten und Beamten in besonderen Fällen, wie in dem, durch seine Witterung merkwürdigen Jahre 1909 oder im Jahre 1911 durch die Saatenstandsberichte ein richtiges Bild der Ernteverhältnisse, und damit für den Handel ein Mittel zur Korrektur seines Urteils nicht gegeben wird. Dennoch folgt der Handel den Ergebnissen der Statistik, auch wenn er durch die ihm zufließenden sonstigen Nachrichten zu einem anderen Urteile gelangt war. Man kann an einer Reihe von Beispielen zeigen, wie das mitunter zu Unrecht geschah. Ich will nur folgenden außerordentlichen Fall anführen. Im Juli 1911 war wider Erwarten die Begutachtungsziffer des preußischen Saatenstandsberichtes durch einen Rechenfehler statt mit 2,7 mit 2,9 angegeben, was gegenüber dem Vormonat mit einer Begutachtungsziffer von 2,6 eine erhebliche Verschlechterung darstellte. Infolgedessen waren die Preise Anfang Juli zu hoch gestiegen, und der Handel, der sich auf diese Angaben hin mit größeren Mengen ausländischen Getreides eingedeckt hatte, erlitt bei der Berichtigung dieses Fehlers zum Teil erhebliche Verluste[3].

In den Monaten zwischen den Saatenstandsberichten macht die Witterung durch ihre Einwirkung auf die Entwicklung der Saaten und

---

[1] Stat. Jahrbuch f. d. D. R. 1900 S. 18, 1911 S. 48.

[2] Die Saatenstandsnote im August 1900 war für Winterweizen 2,5, für Sommerweizen 2,4, also ebenfalls zwischen gut und mittel.

[3] Wochenbericht der Preisberichtsstelle des Deutschen Landwirtschaftsrates Juli 1911.

den Gang der Erntearbeiten ihren Einfluß fast alltäglich auf die Bewertung und Preisbildung des auf den Stapelplätzen lagernden oder auf den Markt kommenden Getreides geltend. Fast alltäglich wird das Bild der zukünftigen Ernte und Brotversorgung der Erde durch die verschiedenen Witterungsnachrichten anhaltender Dürre, von Nachtfrösten, Regen oder Hagelfällen, Stürmen usw. verändert. So ergibt es sich, daß in den Monaten vor der Ernte der nördlichen Erdhälfte, im Juni und Juli, und vor der Ernte der südlichen Erdhälfte, im November und Dezember, die Preisbewegung häufiger und stärker auf und ab schwankt als in den anderen Monaten, in denen die Einflüsse der Witterung nicht von so momentaner und direkter Wirkung sind. In diesen Monaten vermag die Witterung höchstens die Schiffahrt durch anhaltende Fröste oder andauernde Dürre zu unterbrechen und damit den Gang der Getreidebewegung aufzuhalten. Solche Einflüsse wirken, wenn sie unerwartet eintreffen, stärker steigernd auf die Preise, aber sie wechseln nicht täglich, sondern sind immer von einiger Dauer.

Mit der Einbringung der neuen Ernte, könnte man meinen, wird nun die wirkliche Größe des Ertrages genauer festgestellt und eine Beurteilung der Verhältnisse auf sicherer Grundlage ermöglicht. Daß aber die ersten Schätzungen recht problematisch sind und die Unkenntnis über den wirklichen Ernteertrag noch recht lange dauert, lehren die Ernteschätzungen eines jeden Jahres. Als Beispiel seien die Schätzungen der letzten Ernte 1911/12 wiedergegeben:

Ernteschätzungen des Jahres 1911 in Millionen Tonnen.

Länder	Im Juli von Beerbohm	Im August vom internationalen landw. Institut, Rom	Im September, Oktober von den Ackerbaubureaus	Im Dezember endgültiges amtliches Ergebnis
Vereinigte Staaten	19,4	18,09	17,90	16,89
Kanada	5,01	5,82	5,57	—
Rußland	17,44	17,09[1]	17,24[2]	13,72
Ungarn	4,36	4,81	5,24	—
Frankreich	8,71	—	8,71	

Die Ernten der Vereinigten Staaten und Rußlands waren zuerst gewaltig überschätzt worden, die eine um 26 %, die andere um 16 %.

---

[1] Zentral-Statistisches Komitee, Petersburg.
[2] Internationales landwirtschaftliches Institut, Rom.

Diese Fehler sind von großer Bedeutung, weil die Preisbildung von dem internationalen Handel abhängt, in den immer nur die Überschüsse gelangen. Die Exportmöglichkeit Rußlands und der Vereinigten Staaten mußte infolge der ersten Schätzungen um ein mehrfaches zu hoch angenommen werden. Zu dieser Unsicherheit der Schätzungen kommt das Mißtrauen gegenüber einigen Staaten, daß ihre anfänglichen Schätzungen den Tatsachen nicht entsprechen. So meint Manncke[1], es hätte in früheren Jahren mehrmals den Eindruck gemacht, daß beispielsweise die Ernteschätzungen Argentiniens oder Rußlands durch die jeweiligen finanziellen Bedürfnisse beeinflußt wurden.

Man ersieht aber auch aus der Ernteschätzung Frankreichs, wie genau mitunter die ersten Schätzungen Beerbohms von 40 Millionen Quarters mit dem schließlichen amtlichen Ergebnis übereinstimmen.

Die Statistik ist also in ihren Schätzungen der Getreideernten, der Getreidevorräte und Getreidebewegung in jedem Stadium unvollkommen, und so ist es nicht verwunderlich, wenn jeder Tag Überraschungen, nicht erwartete Verschiebungen von Angebot und Nachfrage bringt, und wenn dadurch im Verein mit den Veränderungen, die die Witterung fast täglich ausübt, die Getreidepreise von Tag zu Tag in unablässiger Bewegung sind. Das wird um so verständlicher, wenn man sich die Reihe von Faktoren vergegenwärtigt, die, außerhalb des Getreidehandels liegend, doch häufig von großem Einfluß auf die Preisentwicklung sind. In erster Reihe gehören hierher der tägliche Wechsel der Frachtsätze und der Wechselkurse, dann aber die Einflüsse der allgemeinen und der Wirtschaftspolitik. Wie zahlreich diese Einflüsse sind, soll an den Ereignissen der zweiten Hälfte des Jahres 1911 gezeigt werden. In diesem halben Jahre wirkten folgende politischen Ereignisse auf die Preisbewegung ein:

1. Der internationale Seemannsstreik.
2. Der Eisenbahnerstreik in England.
3. Der Eisenbahnerstreik in Argentinien.

Solche Störungen der Getreidebewegung haben eine doppelte Wirkung: Zuerst verursachen sie einen Mangel an Getreide und ein Steigen der Preise, nach ihrer Beendigung einen größeren Andrang von Ware und ein Fallen der Preise.

4. Die Marokko-Frage.
5. Der Italienisch-Türkische Krieg.

---

[1] Manncke, Die Bewertung des Getreides 1902/03.

Die Befürchtungen infolge der Marokko-Angelegenheit machten sich deutlich in einem Anziehen der Preise bemerkbar, wogegen der Ausbruch des Italienisch-Türkischen Krieges zunächst auf keinem Markte der Welt größere Preisschwankungen herbeiführte. Die Ursache ist folgende: Ernste Verwicklungen in der Marokko-Frage, deren große Tragweite die Börse zuerst erkannte, konnten den regelmäßigen Gang der Getreidebewegung unterbrechen und manche Staaten von der Weltversorgung isolieren. Der Italienisch-Türkische Krieg dagegen schien die internationale Getreideversorgung Europas in keiner Weise zu gefährden. Die reichlichen Ernten der Vereinigten Staaten und Kanadas und die günstigen Aussichten der argentinischen Ernte versprachen eine vollständige Deckung des europäischen Bedarfs, so daß man glaubte, es würde nicht nötig sein, Getreide aus Rußland heranzuziehen. So vollzog sich trotz des Kriegsausbruches im Einklang mit den von Tag zu Tag günstiger lautenden Ernteschätzungen Argentiniens eine Abwärtsbewegung der Preise. Als aber einige Wochen später durch ungünstige Witterungseinflüsse die Ernteaussichten Argentiniens sich verschlechterten und es sich herausstellte, daß die Qualität der kanadischen Ernte sehr schlecht und zum Teil für Müllereizwecke unbrauchbar war, wurden alle Folgeerscheinungen des Krieges von Bedeutung, die auf den Gang der Getreideabladungen aus Süd-Rußland nach West-Europa von Einfluß sein konnten: Die Einstellung des Leuchtturmwesens in den Dardanellen, die Erhöhung der Frachtsätze, die Einstellung der Diskontierungen der Konnossemente seitens der russischen Banken, die erhöhten Versicherungsgebühren gegen Kriegsgefahr und schließlich die Befürchtungen wegen einer vollständigen Hinderung der Zufuhren durch Schließung der Dardanellen.

6. In Deutschland wirkten lähmend auf den Handel die häufigen Debatten bezüglich einer Änderung des Zoll- und Einfuhrscheinsystems.

7. Die unerquickliche Lage des Geldmarktes.

Diese hinderte größere spekulative Unternehmungen, ein Umstand, der sich auf den amerikanischen Börsen stärker fühlbar macht, weil hier die Verbindung zwischen Geld- und Getreidemarkt eine engere ist, als in Europa[1].

---

[1] Die Wechselbeziehungen zwischen Handel und Geldmarkt waren besonders deutlich im Jahre 1907. Die amerikanische Geldkrisis dieses Jahres und der aus ihr resultierende Wunsch, die Zahlungsbilanz zu verbessern, gab in der Union den Anstoß zu einem so starken Getreideexport, wie man ihn bei der Minderernte des Jahres 1907 nicht erwartet hatte. Insbesondere förderten die amerikanischen Banken die Ausfuhr des Getreides, um dem Geldmarkt eine Erleichterung zu verschaffen.

Wirken so stets eine große Reihe verschiedener, mitunter nicht zutage tretender Ursachen auf die Preise bestimmend ein, so ist es klar, daß eine jede Börse die Verhältnisse anderer Länder nicht in derselben Weise übersehen kann, wie die des eigenen Landes, oder anders ausgedrückt, daß auf die Preisbewegung einer jeden Börse die Marktverhältnisse des eigenen Landes von größerem Einfluß sind. Es werden darum die Notierungen der ausländischen Börsen neben allen Nachrichten über die sachlichen Faktoren der Preisbildung in Betracht gezogen, und sie sind oft das einzige oder entscheidende Orientierungsmittel, wenn andere Nachrichten über die Verhältnisse des Auslandes sich widersprechen oder überhaupt fehlen.

Fassen wir die bisherigen Ergebnisse zusammen, so ergibt sich: Die Höhe des Preises wird zunächst bestimmt durch das Verhältnis der notwendigen Käufe und Verkäufe, dann aber durch die Bewertung des Handels bei den freiwilligen Käufen und Verkäufen. Da nun die freiwilligen Geschäftsabschlüsse prozentual sehr stark sind, und die notwendigen weit überwiegen, so vollzieht sich die Preisbildung an jeder Börse ständig im großen Zusammenhange mit den Verhältnissen aller Länder und mit steter Berücksichtigung der zukünftigen Angebots= und Nachfragegestaltung. Die Preisbildung charakterisiert sich demnach als eine spekulative.

c) Der Anteil der Spekulation an der Preisbildung.

Ist aber die Preisbildung des Getreides notwendig eine spekulative, so kann es weiter nicht verwunderlich sein, daß sich dem Getreidehandel eine berufsmäßige Differenzspekulation zugewandt hat, die gar nicht beabsichtigt, sich an dem effektiven Handel zu beteiligen. Die mit einer solchen Differenzspekulation notwendig verbundene persönliche Isolierung vom effektiven Markte hat gewisse Nachteile für die Beurteilung der Marktverhältnisse. Denn der Kommissionär oder der Makler, d. h. der Verkäufer, der immer mit den Produzenten in Fühlung steht, hat eine bessere Kenntnis der Produktion, d. h. der Angebotsgestaltung der nächsten Tage, der Exporteur und Importeur umgekehrt eine bessere Kenntnis der Nachfragegestaltung der nächsten Zeit. Der Differenzspekulant, der eine solche nahe Fühlung mit der Produktion oder Konsumtion nicht hat, ist dem Effektivhändler darum immer da unterlegen, wo es sich um die Beurteilung der allernächsten Zukunft handelt. Es ergibt sich also von

---

Um aber Käufer zu finden, mußten die amerikanischen Exporteure ihre Forderungen herabsetzen, wodurch sie schließlich einen starken Druck auf die Preise ausübten.

selbst, daß sich die Differenzspekulation dem Terminhandel zuwendet. Denn hier kommt es nicht mehr auf die zufällige Angebots- und Nachfragegestaltung der nächsten Tage an, es gilt vielmehr von dem Zufallsverhältnis des Moments und der Einzelörtlichkeit abzusehen und die den täglichen Preisschwankungen zugrunde liegende Tendenz der Entwicklung nach oben oder unten zu erkennen. Hier ist der Spekulant dem Effektivhändler überlegen, da dieser durch die augenblickliche Marktlage in seinem Urteil über die zukünftigen Verhältnisse beeinflußt werden muß.

Die Differenzspekulation hat sich dem Getreidehandel vorzüglich um die Mitte des vergangenen Jahrhunderts zugewandt und war hier auf die Ausbildung des Terminhandels von Einfluß. Es zeigte sich dann sehr bald, daß größere Terminspekulationen nicht isoliert vom effektiven Getreidemarkt durchgeführt werden konnten, und so ergab sich seit den achtziger Jahren, daß ein Teil der Differenzspekulanten mit der immer größeren Ausbildung des Effektenmarktes und der immer größer werdenden anderweitigen Anlagemöglichkeit des Kapitals zum Effektenmarkt überging, ein anderer Teil sich dem effektiven Getreidehandel anschloß. Das ist so vollständig geschehen, daß der Terminhandel, das eigentliche Gebiet der Differenzspekulation heute von dem effektiven Getreidehandel beherrscht wird.

Die Gewinnmöglichkeit, wie sie sich aus der spekulativen Voraussicht und Vorausberechnung der künftigen Verhältnisse ergibt, war schon in früher Zeit die Veranlassung zur Sammlung aller Nachrichten über die Verhältnisse des Getreides. „Denn wenn auch bisweilen in der Spekulation Reichtümer durch einen glücklichen Griff erworben worden sind, so ist der Charakter einer erfolgreichen Spekulation in der großen Mehrzahl der Fälle nur demjenigen eigen, welcher die Mitbewerber durch einen Blick in die Zukunft übertroffen hat"[1]. So gingen die ersten Ermittelungen über die Größe der Ernten von seiten des Handels aus. Schon im Anfange des 19. Jahrhunderts begann eine englische Firma Cropper, Benson & Co. in Liverpool nach einer „umfassenden, gründlichen und wissenschaftlichen Methode" den Ernteertrag Englands jährlich zu ermitteln, und diese Ermittelung wurde von einer anderen Firma, Sanders, ebenfalls in Liverpool, fortgesetzt, bis in England eine amtliche Erntestatistik eingeführt wurde[2]. Wenn die ungeheuren Aufwendungen, wie sie eine solche Statistik erfordert, lediglich zu Geschäftszwecken gemacht werden, so ist ersichtlich, einen wie großen Gewinn die genaue Kenntnis der Markt-

---

[1] Macculloch bei G. Cohn a. a. O. S. 60.
[2] Tooke und Newmarch a. a. O. Bd. 2 S. 48.

lage bringen muß. Was der spekulative Handel gegenwärtig für einen regelmäßigen schnellen Nachrichtendienst aufwendet, um frühzeitig alle jene Faktoren zu erkennen, die für die Beurteilung der zukünftigen Preisbewegung von Bedeutung sind, dafür gibt Ruhland[1] einige Beispiele. Ein großes südrussisches Exporthaus, dessen Namen er nicht nennt, soll jährlich etwa 40 000 Rubel für seinen Nachrichtendienst aufwenden und Armoor, Grain & Co., die mächtigste Getreidefirma Chikagos, soll ein so ausgebreitetes Privattelegraphennetz besitzen, daß sie durch die Einführung des Markonischen Systems der Funkentelegraphie jährlich eine Ersparnis in ihrer Privattelegraphenabteilung von etwa 200 000 Dollars zu erzielen hoffte. Der gewaltige Nachrichtenapparat einer Getreidebörse wird illustriert durch die Angabe, daß an der Börse zu Chikago täglich 225 Telegraphenapparate zirka 15 000 Börsentelegramme expedieren.

Diese Verhältnisse führen zu dem Ergebnis, daß mit der wachsenden Zahl der Spekulanten und der wachsenden Größe der Spekulationen die Marktmeinung sich infolge wachsender Kenntnis der wirklichen Verhältnisse der Wahrheit nähert und die Börse so die ökonomische Leistung der Wertbestimmung besser erfüllt. „Durch die Vielseitigkeit der Teilnahme müssen unvorhergesehene Preisbewegungen seltener, örtliche und zeitliche Differenzen häufiger vermieden werden"[2].

Die Meinung, daß durch den Terminhandel und die Beteiligung einer Differenzspekulation die Börse ihre Funktion der Preisbildung besser erfüllt und große Preisschwankungen leichter vermeidet, wird bestritten, und so müssen wir in eine statistische Untersuchung der Verhältnisse eintreten.

Zunächst aber die Frage, wie verhalten sich Loco- und Terminpreise zueinander?

Innerhalb eines Erntejahres sind die Terminpreise gewöhnlich höher als die Locopreise, und zwar pro Monat etwa um $3/4\%$ (das sind die monatlichen Kosten für Zins, Lagerung, Versicherung usw., die durch die Einlagerung des Getreides verursacht würden). Eine Differenz um mehr als $3/4\%$ wird bei der Beweglichkeit des Terminhandels sehr bald durch eine Arbitrage wieder ausgeglichen. Die Differenz kann aber auch weniger als $3/4\%$ betragen und mitunter ganz verschwinden. Solche Schwankungen sind selbstverständlich, wenn man bedenkt, daß die zufällige Tagessituation, die sich in dem Preis der Locoware widerspiegelt, nicht immer mit der Lage des Weltmarktes, nach dem sich der Terminpreis richtet, überein-

---

[1] Ruhland a. a. O. S. 39.
[2] Bericht über den Handel usw. 1908 a. a. O. S. 8.

Die Bewegung der Weizenpreise und ihre Ursachen. 47

stimmt. Von größerem Umfange und längerer Dauer sind diese Schwankungen aber nur zwischen zwei Erntejahren. Wenn nach einem knappen Jahr eine reiche Ernte bevorsteht, so bildet sich mitunter ein ganz bedeutender Deport heraus. So war 1909 in Berlin der Locopreis für Weizen im Mai 250 Mk. per Tonne, der Lieferungspreis für September 215 Mk.

Es ist aber klar, daß gewöhnlich in den Fällen, in denen sich das Verhältnis zwischen Loco- und Terminpreis gegen das Gewöhnliche verschiebt, schließlich der Locopreis der Bewegung des Terminpreises folgt. Daß der Terminpreis richtiger die Marktlage widerspiegelt, geht auch schon aus der rein äußerlichen Tatsache hervor, daß sämtliche Zeitungen und Zeitschriften des Getreidehandels (darunter auch der Wochenbericht der Preisberichtsstelle des Deutschen Landwirtschaftsrates) regelmäßig die Notierungen für Terminware, im Januar z. B. für Mai, Juni und September, selten aber und unvollständig die Preise für Locoware wiedergeben. Eine solch einseitige Mitteilung, die sich auf langjährige Erfahrung stützt, ist wohl ein bedeutsames Zeichen, daß die Terminpreise ein richtigeres Bild des Weltmarktes bieten.

Es wird nun behauptet, daß durch die Teilnahme einer großen Zahl von Spekulanten mit künstlichen Mitteln zahlreiche und große Preisschwankungen hervorgerufen werden, und darauf hingewiesen, daß zum Beispiel die amerikanischen Terminbörsen bedeutend größere Schwankungen im jährlichen Durchschnitt aufweisen als Berlin, wo der Terminhandel verboten sei.

Größe der Preisschwankungen in Berlin, Chikago, Wien, Liverpool.
I. Monatsdurchschnitte[1].

Jahr	Berlin			Chikago			Wien		
	höchster Preis	niedrigster Preis	Differenz	höchster Preis	niedrigster Preis	Differenz	höchster Preis	niedrigster Preis	Differenz
1901	171,25	154,50	19,75	117,50	101,40	15,10	160,70	140,1	16,6
1902	171,50	155,04	16,40	124,30	108,00	16,30	149,80	138,6	11,2
1903	169,12	155,61	13,51	124,90	114,70	10,20	153,50	143,7	9,8
1904	178,50	163,20	15,30	173,10	137,20	35,90	199,90	152,8	47,1
1905	183,06	169,62	13,44	181,23	126,03	55,20	187,37	154,8	32,6
1906	184,82	174,18	10,64	134,22	110,49	23,37	164,50	141,3	23,2
1907	228,36	179,33	49,03	157,05	118,63	38,52	230,60	141,9	88,7
1908	221,30	204,00	17,30	159,97	134,41	25,56	235,90	208,9	27,0
1909	268,00	209,68	58,32	199,30	153,31	45,99	296,40	237,3	59,1

[1] Vierteljahrshefte z. St. d. D. R. 1910 II S. 85.

II. Tagesdurchschnitte[1].

Jahr	Berlin			Chikago			Liverpool		
	höchster Preis	niedrigster Preis	Differenz	höchster Preis	niedrigster Preis	Differenz	höchster Preis	niedrigster Preis	Differenz
1901	176,5	151,3	25,2	122,3	96,8	25,5	141,7	124,8	16,9
1902	173,5	149,5	24,0	146,0	103,5	42,5	143,4	130,3	13,1
1903	171,6	154,8	16,8	128,0	111,1	16,9	148,0	136,5	12,5
1904	183,5	162,0	21,5	177,9	129,1	48,8	173,4	137,5	35,9
1905	187,5	166,0	21,5	187,1	120,9	66,2	162,8	145,7	17,1
1906	187,0	172,0	15,0	136,1	108,6	27,5	158,9	135,6	23,3
1907	234,1	178,5	55,6	164,2	116,6	47,6	195,3	142,0	53,3
1908	229,4	195,0	34,4	169,8	129,7	40,1	185,5	152,2	33,3
1909	272,0	206,0	66,0	206,2	150,2	56,0	210,1	168,5	41,6

Man ersieht aus den Tabellen, daß in der Tat die Differenzen zwischen dem höchsten und niedrigsten Monatsdurchschnitt in Chikago größer sind als in Berlin. In Wien aber, wo der Terminhandel ebenfalls verboten ist, sind sie noch größer als in Chikago, und die Tabelle der Tagesdurchschnitte zeigt, daß die Liverpooler Terminbörse geringere Differenzen als Berlin aufzuweisen hat. Hieraus sind also bestimmte Schlüsse auf die Wirkung des Terminhandels und der Spekulation nicht möglich. Denn eine große Reihe anderer Ursachen drängen auf eine solche Verschiedenheit der Preisschwankungen in den einzelnen Ländern hin: Verschiedenheit der nationalen Eigenart der Bewohner, der Handelstechnik, der sozialen und rechtlichen Struktur, verschiedene Kapitalkraft, verschiedener Wagemut und vieles andere.

Der Vorwurf, daß durch die großen Massen des „Papierweizens" eine Baissewirkung erzeugt würde, verstößt gegen die elementarsten Preisgesetze, so daß die Wissenschaft ihn nicht einmal der Diskussion für wert erachtet hat[2]. Papierweizen kann vorhandene Ware nicht ersetzen, und wenn es einmal wirklich gelungen ist, den Preis durch das Angebot von Papierweizen zu drücken, so wird sich sehr bald infolge eines zu großen Absatzes ein Mangel geltend machen, der die Baisse in eine Hausse umwandeln muß. Eine künstliche Einwirkung auf die Preisbewegung ist wohl denkbar, aber sie hat mit Notwendigkeit eine Reaktion zur Folge.

Man hat auch behauptet, daß die Spekulation sich bei der Bewertung des Getreides gar nicht um jene berechtigten Faktoren, der Größe der Ernten, der Vorräte, der Zufuhren usw. kümmere (was auch gar nicht

---

[1] Vierteljahrshefte z. St. b. D. R. 1906 I S. 28; 1910 I S. 55 ff.
[2] Cohn, Das Differenzspiel a. a. O. S. 45.

möglich sei soweit sich das Privatpublikum an der Spekulation beteilige). Die Spekulation versuche es häufig, durch falsche Nachrichten über alle auf die Preise einwirkenden Faktoren, sogar durch Fälschung der Statistik den Markt zu manipulieren und eine Preisbewegung zu erzeugen, die mit den wirklichen Verhältnissen nicht im Einklang stehe. Es soll auf diese Dinge hier nicht genauer eingegangen werden, nachdem sie durch die Deutsche Börsen-Enquete eine ziemlich genaue Behandlung erfahren haben und mancherlei tatsächliche Mißstände durch die Börsengesetzgebung in Deutschland beseitigt worden sind. Nur ein Punkt scheint mir wichtig und soll in folgendem ausführlicher behandelt werden: die größten Auswüchse der kraft der eigenen Kapitalmacht und des eigenen Willens diktierten Preisbewegung, die Corner. Es sei kein Zufall, hat man gesagt, daß von den vier großen Cornern, die die Welt bisher gesehen hat, einer in New York, drei in Chikago inszeniert worden sind.

Der Corner Hutchinson, im Herbst 1888, war auf Chikago beschränkt und als eine Terminspekulation gedacht. Der Kauf effektiven Getreides war nur insoweit geschehen, als es für die Terminspekulation nötig war, d. h. um die Preise auch auf dem Effektivmarkt in die Höhe zu treiben und dadurch einen hohen Liquidationskurs zu erzwingen. Mit außerordentlicher Geschicklichkeit gelang es Hutchinson, ohne daß es die Baissepartei rechtzeitig erkannte, unter abwechselndem Hinauf- und Hinuntertreiben der Preise allmählich die ungeheure Menge von 10 Millionen Buschel Weizen, d. h. fast 5½ Millionen Zentnern im August und September 1888 für ultimo September aufzukaufen. Gleichzeitig aber erreichte er durch umfangreiche Käufe auf dem Locomarkt und mancherlei geschickte Operationen, daß ihm am ultimo September von den 10 Millionen Buschel nur 3 Millionen fünfzigtausend geliefert werden konnten. Das übrige mußte durch Differenzzahlungen erledigt werden. Wegen des großen Mangels an Getreide war es Hutchinson ein leichtes, die Ultimopreise auf mehr als das Doppelte emporzutreiben. Die Preise stiegen in den letzten Septembertagen ruckweise: Der Preis betrug per Tonne Weizen:

am 20. September	147,8	Mk.,
„ 25. „	154,3	„
„ 26. „	172,1	„
„ 27. „	192,5	„
„ 28. „	231,0	„
„ 29. „	308,0	„

Der letzte außerordentlich hohe Preis kam dadurch zustande, daß Hutchinson selbst neun Waggonladungen erstand, die er wahrscheinlich durch seine eigenen Leute auf den Markt hatte bringen lassen. Am 25. September hatte Hutchinson seinen Schuldnern angeboten, mit ihm auf der Basis eines Liquidationspreises von 200 Mk. zu regulieren. Aber noch am 25. hofften diese, daß sich die Lage ändern würde und lehnten das Anerbieten ab. Als das aber nicht geschah und die Preise sprunghaft weiter stiegen, beeilten sie sich schnell, Hutchinson zu befriedigen, so daß dieser bereits am 30. September alles bis auf 500000 Buschel reguliert hatte. An diesem Ultimo gewann Hutchinson mehrere Millionen. Schon am 30. aber begannen die Preise zu fallen, denn nunmehr mußte Hutchinson die ungeheuren Mengen, die er effektiv gekauft und geliefert erhalten hatte, auf den Markt werfen, wobei natürlich ein großer Teil des Gewinnes wieder verloren ging.

Dieser Corner lehrt zweierlei.

1. Die wirklich großen Spekulationen des Getreidehandels sind niemals möglich als reine Differenzspekulation, sie müssen zugleich große Mengen effektiver Ware aufnehmen.

2. Die Preise der effektiven Ware werden durch Differenzspekulationen im Durchschnitt größerer Zeiträume nicht verändert, denn die Preissteigerung dauert nur so lange als die Spekulation selber. Ist die Spekulation beendet, so muß das aufgekaufte Getreide auf den Markt geworfen werden und der Preis infolge des plötzlichen Überflusses erheblich unter den Durchschnitt sinken.

Leider ist es nicht möglich, zu untersuchen, inwieweit dieser Corner durch sachliche Verhältnisse gerechtfertigt war, und ob die Knappheit, die sich am ultimo September ergab, in der Tat eine künstliche war, wie manche meinen, und wie sie herbeigeführt wurde[1].

Die drei anderen Corner waren größer angelegt und beschränkten sich nicht auf Chikago und New York, sondern zwangen auch ganz Europa, ihrer Preissteigerung zu folgen. Sie waren also internationale Corner. Ihr Ziel war nicht, wie bei dem Corner Hutchinsons, größere Mengen Getreides als nach aller Voraussicht herangeschafft werden können, im Terminhandel aufzukaufen und dadurch am Ultimo infolge des Mangels an Ware eine erhebliche Preissteigerung herbeizuführen. Diese Corner bezweckten vielmehr, ungeheure Mengen des vorhandenen Getreides so lange aufzukaufen, bis sie der ganzen Erde die Preise diktieren könnten.

---

[1] Schuhmacher a. a. O. S. 586, und Berichte der Handelskammern.

Der erste derartige Corner wurde schon 1879 inszeniert, als der moderne internationale Getreidehandel erst im Entstehen begriffen war. In diesem Jahre hatten die Vereinigten Staaten bei einer vollständigen Mißernte ganz Europas eine außerordentlich reiche Ernte erzielt. Im Gefühle seiner Machtstellung entstand infolgedessen jenseits des Ozeans ein Unternehmen[1], welches für längere Zeit einen großen Einfluß auf den Getreidehandel ausübte und infolge seiner Kühnheit und Großartigkeit das allgemeine Interesse erregte. In den letzten Monaten des Jahres wurden in Amerika alle disponiblen Vorräte von Weizen durch eine Vereinigung von Spekulanten zu Preisen aufgekauft, die für die europäischen Märkte keine Rechnung gaben und deshalb längere Zeit nicht zur Versendung kamen. Das Quantum, das auf diese Weise vorläufig der Konsumtion entzogen wurde, belief sich Ende des Jahres auf zirka 28 Millionen Buschel = 16 Millionen Zentner im Werte von 160 Millionen Mark. Diese Zahlen geben den Beweis von der Kraft und dem Mut der Unternehmer. Allerdings sagte man sich, daß ohne eine amerikanische Aushilfe die Vorräte in Europa bis zur 1880 er Ernte nicht ausreichen würden, und darauf gründete sich dieses vermessene Spiel. — So großartig und wohlüberlegt das Unternehmen auch angelegt sein mochte, den erhofften Vorteil hat es nicht gebracht. Die Spekulation konnte nicht durchgehalten werden, weil sich die Nachfrage infolge der hohen Preise die größte Zurückhaltung auferlegte, und Europa infolgedessen durch seine eigenen Bestände zu lange Zeit gedeckt blieb.

Genauer als die bisher betrachteten lassen sich die beiden nächsten Corner in ihren tatsächlichen Grundlagen beurteilen.

Wie bereits oben hervorgehoben, wollte auch Leiter durch seinen Corner im Frühjahr 1898 so viel Getreide in seine Gewalt bekommen, daß er die Preise diktieren konnte. Er kaufte darum nicht nur allen erreichbaren Weizen in Chikago, New York und im ganzen amerikanischen Westen, sondern auch in Antwerpen und Liverpool auf. Die Folge war eine Preissteigerung, die von Chikago auf New York und Europa übergriff.

Weizenpreise 1898[2].

	1. März	10. Mai	27. Mai
Chikago	161,3	287,5	269,9
Liverpool	169,0	256,0	234,0
Berlin	198,0	267,0	240,0
New York	154,3	296,9	225,2

[1] Bericht der Königsberger Kaufmannschaft 1879 S. 29.
[2] Vierteljahrshefte z. St. d. D. R. 1900 I S. 25 ff.

Die Statistik zeigt, daß dieses großartige Unternehmen nicht allein auf der gewaltigen Kapitalkraft des Unternehmers, sondern auch auf berechtigter sachlicher Grundlage beruhte. Die pro Kopf verfügbaren Mengen von Weizen in Europa und den Vereinigten Staaten[1] waren:

		Roggen
1894	127,08 kg	(87,86)
1895	120,60 „	(79,08)
1896	116,40 „	(79,57)
1897	95,42 „	(67,38)

Die verfügbaren Mengen hatten also derart abgenommen, daß eine erhebliche Einschränkung des Konsums notwendig war, die nur durch ein starkes Steigen der Preise erreicht werden konnte. Der Preisstand war aber damals verhältnismäßig niedrig, und einer automatischen Preissteigerung standen eine Reihe verschiedener Gründe entgegen (neben manchem anderen langjährige Gewöhnung der Produzenten und Konsumenten an niedrige Preise), die hier nicht näher erörtert zu werden brauchen. So drohte also ein frühzeitiger Mangel an Brotgetreide und damit eine Kalamität von unabsehbaren Folgen. Auf dieses Mißverhältnis zwischen Preisen und verfügbaren Mengen baute Leiter seinen Plan auf und trieb durch dauernde große Käufe den Preis in kaum sechs Wochen um 75 % in die Höhe.

Für die Weltversorgung mit Getreide kam diese Preissteigerung aber zu spät; da die Einschränkung des Verbrauchs erst in der zweiten Hälfte des Jahres einsetzte, reichten die Vorräte bis zum neuen Jahre nicht mehr überall aus. In Spanien und Italien kam es zu Hungersrevolten, und Frankreich mußte seine Zölle suspendieren.

Dennoch brach der Leiter=Corner zusammen, denn die Preissteigerung war zu weit getrieben worden. Unter dem Druck der hohen Preise kamen größere Mengen Getreides auf den Markt, als Leiter erwartet hatte und aufnehmen konnte (Ruhland meint auch, daß eine irrige Statistik der noch vorhandenen Vorräte einen wesentlichen Einfluß auf diesen Zusammensturz gehabt hat[2]).

Nicht ganz so durchsichtig sind die Grundlagen bei dem Corner, den Patten im Frühjahr 1909 in Szene setzte.

---

[1] Das Getreide im Weltverkehr a. a. O. I S. 817 und 842.
[2] Wiedefeld, Organisation des Getreidehandels und der Getreidepreisbildung in Schmollers Jahrbüchern N. F. 24, Bd. II, und Ruhland a. a. O. S. 96 ff.

Die sichtbaren Vorräte[1] der Vereinigten Staaten waren in 1000 Buschel am 1. Juli:

	Ernte	sichtbare Vorräte	zusammen
1907	634 087	64 345	698 432
1908	664 602	21 230	685 832

Die sichtbaren Bestände nach Bradstreet[2] am 1. Januar:

1907	79 435
1908	66 110
1909	84 713

Die Vorräte zu Beginn des Erntejahres 1908/09 waren also nicht viel geringer als die 1907/08 und die sichtbaren Bestände der Vereinigten Staaten waren im Januar 1909 nicht nur größer als in dem Vorjahre, sondern auch als die von 1907 trotz der vorzüglichen Ernte des Jahres 1906. Angesichts dieser Zahlen waren sämtliche Zeitungen in der Beurteilung des Pattenschen Corners, der im Januar 1909 genauere Gestaltung annahm, einig. Das „Berliner Tageblatt" sprach am 22. Januar 1909 von einer künstlichen Hausse, die in den Verhältnissen keinerlei günstige Grundlagen finde und meint, daß der Corner auf die Dauer nicht durchzuführen sei. Die Frankfurter Zeitung nennt diesen neuesten Corner eine spekulative Ausschreitung und meint, daß die sprunghaften Preissteigerungen nur zum geringsten Teil durch sachliche Gründe gerechtfertigt wären. Noch am 14. April schreibt sie: „Es muß vorerst offene Frage bleiben, ob die zum weitaus überwiegenden Teil künstlich inszenierte Preissteigerung in Chikago nunmehr zum Abschluß gelangt ist, oder ob sie sich fortsetzen wird. Man wird jedenfalls damit rechnen dürfen, daß auf die Dauer an den Getreidebörsen sich die Wirkung der sachlichen Momente nicht wird ausschalten lassen und wird daher diesen erhöhte Aufmerksamkeit zuzuwenden haben".

Sehen wir uns nun die Entwicklung der Preise und der sachlichen Momente, d. h. der Vorratsbewegung des Weizens an.

Die Preise stiegen in Mark per Tonne in:

	4. Januar	1. März	1. Mai	28. Mai
Chikago	167,0	181,0	193,7	205,0
New York	173,0	187,0	200,3	215,0
Liverpool	168,5	185,0	199,0	203,0
Berlin	206,0	229,0	246,4	270,9

[1] Berichte über den Handel usw. a. a. O. 1909 S. 23 ff.
[2] Ebenda.

Die sichtbaren Vorräte in den Vereinigten Staaten (in Bushel = 27,2 kg) veränderten sich folgendermaßen[1]:

	1907	1908	1909
1. Januar	79 435	66 141	84 713
1. März	78 636	57 917	65 673
1. Mai	79 660	51 134	49 140
1. Juli	64 345	28 707	16 592
1. August	62 492	21 230	14 786

Jahr	Ernte	Ausfuhr vom 1. Juli bis 1. Januar
1906	735 260	82 224
1907	634 087	95 640[2]
1908	664 602	83 611[2]

Aus den beiden Tabellen ist zu erkennen, daß die Preissteigerung mit einer schnellen Abnahme der Vorräte Hand in Hand ging. Das war ebenso in den Vereinigten Staaten wie in Europa der Fall. Immer mehr Mühlen mußten ihren Betrieb einstellen. Der Handel stockte vollkommen. Die Tatsache, daß man in Deutschland im Juli und August, also am Ende des Erntejahres, bei einem Preise von 300 Mk. die Tonne Weizen keine Ware in den Provinzen erhalten konnte, zeigt, wie sehr alle Vorräte aufgezehrt waren, und daß man nur mit knapper Mühe und nur durch eine frühzeitige Ernte an einer Hungersnot vorbei gekommen war.

Nach den Angaben des ungarischen Ackerbauministeriums betrugen die Weizenvorräte des Handels und der Landwirtschaft unmittelbar vor der Ernte im Jahre 1906 . . . 4,86 Millionen Tonnen[3]
„ „ 1907 . . . 4,26 „ „
„ „ 1908 . . . 4,27 „ „
„ „ 1909 . . . 1,62 „ „

Aber nicht allein in der starken Erschöpfung der Vorräte bei den Landwirten und bei dem Handel, wie sie diese Zahlen wiedergeben, ist die Situation gekennzeichnet, sondern in dem vollständigen Mangel an Vorräten in den Händen der Müllerei. Nach manchen Schätzungen war die Abnahme dieser Vorräte ebenso groß, wie die der Landwirtschaft und des Handels, so daß ein Defizit der gesamten Vorräte von etwa 7 Millionen Tonnen gegenüber den gewöhnlichen Beständen zu Beginn des Erntejahres vorhanden war.

Wie aber war es möglich gewesen, daß nur ein Mann diese Entwicklung vorausgesehen hatte? Es kann dies nicht des genaueren aus-

---

[1] Jahrbuch über die Ernten usw. 1909 S. 24.
[2] 1907 und 1908 große Ausfuhren infolge der Geldkrisis.
[3] Jahrbuch über die Ernten usw. 1909 S. 20.

geführt werden. Es beruht wahrscheinlich darauf, daß das Verhältnis der sichtbaren zu der Gesamtheit der Vorräte nicht immer dasselbe ist, und daß dies Verhältnis zu Beginn des Jahres 1909 sich außerordentlich gegen das Gewöhnliche verschoben hatte. Alle Welt hielt sich nur an die Zahlen der sichtbaren Vorräte, während Patten auch die zugrunde liegenden Momente in Betracht zog.

Mancherlei lehrt die Geschichte der internationalen Corner. Veranlassung und Ursache war sowohl 1898 wie 1909 Unkenntnis und falsche Beurteilung der wirklichen Marktlage durch den gesamten Handel, und wir finden in der Inszenierung dieser Corner jene Aufgabe der Börse erfüllt, die man gemeinhin als die signalisierende bezeichnet hat. Die Corner waren keine künstliche Preissteigerung, ihre Durchführung keine Vergewaltigung des Marktes, sondern sie waren gegründet auf eine scharfsinnige Voraussicht der zukünftigen Marktgestaltung.

Rückblickend müssen wir sagen: Da ein Getreidecorner als Terminspekulation außerordentlich schwierig und ein Corner auf dem Effektenmarkt offenbar viel leichter durchführbar ist, so hat sich diese Art der Spekulation immer mehr von der Getreidebörse zurückgezogen. Es scheint aber auch, als ob infolge der gewaltigen Größe der gegenwärtigen Getreideproduktion und der Entwicklung der Verkehrswirtschaft ein Corner, der mit Hilfe großer Getreideeinsperrungen die Preisbildung zu beeinflussen sucht, als eine Vergewaltigung des Marktes auch mit Hilfe der größten Kapitalien nicht mehr durchgeführt werden kann. Jeder derartige Versuch, und es hat eine ganze Reihe solcher gegeben, ist bisher mißglückt.

Die Einwirkung dieser unberechtigten Spekulationen festzustellen, ist im Einzelfalle wohl möglich. Aber die Ursachen der Preisbewegung sind so mannigfaltig und die Erwägungen der Spekulation so kompliziert, daß es nicht möglich ist, fortlaufend alle Preisschwankungen auf die eine oder andere Ursache zurückzuführen, also auch nicht möglich, den Faktor der unberechtigten Spekulation zu eliminieren. Es wird aber bei der weiteren Untersuchung durch die Feststellung, wie sich die Monatspreise zur Getreidebewegung und die Jahrespreise zu den jährlich verfügbaren Mengen verhalten, auch auf diese Verhältnisse ein gewisses Licht geworfen.

2. Die Faktoren der monatlichen Preisbewegung.

Die Bewegung der Monatspreise konnte Engel[1] für die lokale Preisbildung der ersten Hälfte des 19. Jahrhunderts noch ganz aus der Natur

---

[1] Engel a. a. O. S. 266.

des Betriebes der Landwirtschaft erklären. Wenn eine gute Ernte in Aussicht steht, so meint er, müssen die Scheuern zu ihrer Bergung geräumt, die alten Vorräte verkauft werden. Das muß auch darum schon vor der Ernte geschehen, weil in der Ernte die Zugkräfte nicht entbehrlich sind. Die ferneren Feldarbeiten beschäftigen Menschen und Tiere bis in den Herbst hinein. Infolgedessen werden die Märkte weniger flott befahren, und die knappen Zufuhren bewirken eine steigende Tendenz bis zum November. Weihnachten und Neujahr sind Zeiten großer Ausgaben für den Landwirt. Er muß in seine Sparkassen greifen, d. h. seine Scheuern öffnen, und wieder etwas von seinen Vorräten zu Gelde machen. Das geschieht so allgemein, daß die Preise um diese Zeit herum etwas weichen. Von März an wirkt schon die Aussicht auf die neue Ernte auf die Preise. Jedoch „Vorsicht ist die Mutter der Weisheit". Man versorgt den Markt nicht allzu reichlich, hält, wenn die Aussichten sich trüben, rasch und so lange zurück, bis ein mehr oder weniger bestimmtes Resultat deutlich erkennbar ist; ganz, wie das in der Natur jedes Handels liegt.

Heute wird die Preisbewegung innerhalb des Erntejahres nicht mehr durch die Landwirtschaft, sondern durch den Handel bestimmt. Da wir aber von Oktober bis Mai fast eine durchschnittliche Steigerung, im Vierteljahresdurchschnitt eine regelmäßige Steigerung während des ganzen Erntejahres beobachten, so darf man wohl sagen, daß der Handel seiner Funktion der Verteilung der Vorräte über Ort und Zeit gerecht wird. Die Preisdifferenzen zwischen dem höchsten und niedrigsten Monatsdurchschnitt mit 4—7% sind im allgemeinen die Kosten, die durch die Einlagerung des Getreides durch Qualitäts- und Gewichtsverlust, Zinsen usw. von den Monaten der Aufnahme des Weizens bis zum Verkauf entstehen. Die Tabelle lehrt aber auch ein Zweites, daß die Preise noch heute in der Hauptsache durch die Ernten der nordäquatorialen Länder, Europa und Nord-Amerika, bestimmt werden. Nur ausnahmsweise beginnt mit der argentinischen, australischen und indischen Ernte eine neue Preisentwicklung. Diese Ernten haben im wesentlichen nur Einfluß auf die täglichen Preisschwankungen.

Daß der Monat August noch hohe Preise hat, liegt wohl an der Knappheit der Ware in diesem Monat. Daß Juni und Juli geringere Preise haben als Mai, ist nur zum Teil der bevorstehenden Ernte zuzuschreiben. Um diese Zeit werfen die Landwirte und der Handel größere Mengen Getreides noch schnell auf den Markt, um die höheren Preise des alten Jahres zu erzielen, denn darum haben sie ja das Getreide ein ganzes Jahr aufgespeichert. Andererseits ist auch die Nachfrage an diesem Preisrückgang beteiligt. Denn die großen Mühlen pflegen sich für den Schluß des Jahres im Mai einzudecken, so daß in gewöhnlichen Jahren im Juni und Juli die Nachfrage stockt. Es sind dies die toten Monate des Getreidehandels.

3. Die Faktoren der Jahrespreise.
a) Jahrespreise und Produktion.

Als bedeutsamster Faktor der jährlichen Preisschwankungen erscheint der Ausfall der Ernten. Man hat sich schon sehr lange bemüht, einen Zusammenhang zwischen Preisen und Ernten herzustellen und war sich lange darüber im unklaren, ob nicht ein gesetzmäßiger Zusammenhang, wie ihn etwa King konstruiert hat, besteht. King behauptete, daß die Preise um 30, 80, 160, 280, 450 % stiegen, wenn die Ernte um 10, 20, 30, 40, 50 % geringer würde. Noch Tooke meint, daß die Berechnung Kings sich nicht sehr weit von der Wahrheit entferne, wenn er auch das Vorhandensein einer ziffernmäßig bestimmbaren Gesetzmäßigkeit bezweifelt. Inzwischen ist diesem Zusammenhange in vielen Arbeiten nachgespürt worden. Die meisten Arbeiten kranken aber daran, daß in ihnen der Ausfall der Ernten mit den Preisen der Kalenderjahre verglichen wird (zum großen Teil aus Mangel an anderem Zahlenmaterial verglichen werden mußte). Da aber hierbei der Kausalnexus notwendigerweise verloren geht, so war es nicht möglich, über diese Verhältnisse ein klares Bild zu erhalten. Wie mangelhaft diese Methode ist, geht schon daraus hervor, daß die einen die Ernte dem Preise des gleichen[1], die anderen dem Preise des nächsten Jahres[2] gegenüberstellen.

Für Weizen ist bisher noch keine Zusammenstellung der Preise der Erntejahre und der Ernten erfolgt. Für Roggen aber hat Engel in seiner bereits mehrfach genannten Arbeit einen Zusammenhang zwischen der Größe der Ernten und den Preisen der Erntejahre in Preußen festzustellen vermocht. Auch Kremp, der die Verhältnisse in England, Sachsen, Preußen und Frankreich in den Jahren 1846—75 untersucht hat, kommt 1879 zu dem Ergebnis, daß die Ernte des Inlandes noch immer einen gewissen Einfluß auf die Preisgestaltung ausübe. Seitdem hat sich der Übergang zur Weltwirtschaft vollzogen, und die Preisbildung sich immer mehr

---

[1] J. H. Kremp, Über den Einfluß des Ernteausfalls auf die Getreidepreise. Jena 1879.

[2] Das Getreide im Weltverkehr a. a. O., 1906, Bd. 2.

von den Produktionsverhältnissen der einzelnen Länder losgelöst. Der internationale Verkehr hat sich derartig entwickelt, daß durch seine Kanäle das Getreide schnell und ohne allzu große Kosten von Ländern mit überreicher in Länder mit zu geringer Ernte hinübergeleitet werden kann. So wird der Preis heute in erster Reihe durch die Produktion der gesamten Erde, besonders aber durch die der großen Kornkammern der Welt, der Vereinigten Staaten, Kanadas, Rußlands und Argentiniens bestimmt. Gegenüber der Produktion dieser Länder verschwindet die der westeuropäischen Kulturstaaten. War doch allein der Ausfall der russischen Weizenernte 1911 gegenüber 1910 mit 7 Millionen Tonnen doppelt so groß als die gesamte Weizenernte Deutschlands. Es kann darum nicht wundernehmen, wenn die Preisentwicklung in Westeuropa häufig in geradem Gegensatze zur Größe der heimischen Ernte steht.

Für die Landwirtschaft ist diese Wirkung des internationalen Verkehrs von schwerwiegender Bedeutung. Bisher war ihr ein gleichmäßiger Ertrag gesichert, denn jeder Ausfall der Ernte wurde durch den höheren Preis wettgemacht. Heute können in Deutschland niedrige Preise mit einer schlechten Ernte, hohe Preise mit einer guten, ja vorzüglichen Ernte Deutschlands zusammenfallen (was wir in den letzten Jahren mehrfach erlebt haben). Dieses Moment des Risikos, das durch die Entwicklung des Welthandels für die Landwirtschaft geschaffen wurde, war auch der eigentliche Grund, warum von landwirtschaftlicher Seite der Kampf gegen die Berliner Getreidebörse so heftig geführt wurde.

Das Verhältnis der Weizenpreise zur Weizenweltente gestaltete sich folgendermaßen:

Erntejahr	Ernte in Deutschland in 1000 Tonnen	Preis in Berlin[1] Mk. per Tonne	Weltente[2] in 1000 Tonnen	Erntejahr	Ernte in Deutschland in 1000 Tonnen	Preis in Berlin[1] Mk. per Tonne	Weltente[2] in 1000 Tonnen
1889	2372	193,8	56 032	1893	2995	142,7	65 263
1890	2831	207,5	57 952	1894	3012	138,8	68 358
1891	2334	209,3	59 555	1895	2808	147,2	66 023
1892	3163	151,3	63 314	1896	3008	164,0	64 412

[1] Siehe S. 31.
[2] Das Getreide im Weltverkehr 1900 I S. 785 ff., 1909 S. 204 und Calwer, Jahrbuch der Weltwirtschaft 1903 S. 79.

Erntejahr	Ernte in Deutschland in 1000 Tonnen	Preis in Berlin Mk. per Tonne	Welternte in 1000 Tonnen	Erntejahr	Ernte in Deutschland in 1000 Tonnen	Preis in Berlin Mk. per Tonne	Welternte in 1000 Tonnen
1897	2913	194,0	57 188	1903	3555	167,0	84 444
1898	3293	161,4	73 584	1904	3835	175,9	83 439
1899	3847	156,5	73 950	1905	3700	178,7	87 515
1900	3891	159,2	68 790	1906	3990	187,7	89 873
1901	2497	166,5	76 193	1907	3479	217,8	80 289
1902	3900	158,6	82 170	1908	3768	226,5	83 029
				1909	3756	220,5	101 100

Die Tabellen zeigen eine auffallende Übereinstimmung der Preise mit der Weltproduktion. Wenn man berücksichtigt, daß das Steigen der Preise 1906 bei gleichzeitiger Vergrößerung des Ernteergebnisses auf die Zollerhöhung zurückzuführen ist, so haben wir in der zwanzigjährigen Übersicht nur fünf Jahre (1890, 1901, 1903, 1905 und 1908), in denen die Berliner Preise mit der Bewegung der Welternten nicht übereinstimmen. Man ist fast geneigt, in diesen Jahren eine mangelhafte Erntestatistik zu vermuten und wird z. B. die Schätzungen des Jahres 1908 für zu groß halten, wenn man sich erinnert, welch ungeheure Knappheit in diesem Jahre herrschte. Doch kommt hierbei noch ein anderes in Betracht: Die Größe der Reserven zu Beginn der Erntejahre. Es ist wahrscheinlich, daß, wenn man die Reserven der vorjährigen Ernte zu der neuen Ernte hinzunimmt, für das Erntejahr 1907 ein größerer Vorrat vorhanden gewesen ist als für 1908. Denn 1907 hatte man wegen der geringen Ernte die Reserven von 1906 aufbrauchen müssen und ging so mit ganz geringen Vorräten in das Erntejahr 1908 hinein.

Weil also die Schätzungen der Welternte heute noch mangelhaft und für die zu beurteilenden Jahre weder nach derselben Methode noch für die gleiche Anzahl der Länder vorgenommen sind, wir andererseits für die zu Beginn des Erntejahres vorhandenen Vorräte bisher keine Schätzungen von Wert besitzen, so muß selbst ein Versuch aufgegeben werden, irgendwelchen prozentualen Verhältnissen nachzuspüren zwischen Preis und Ernte oder Preis und Ernte + Vorräten des vergangenen Jahres, d. h. zwischen Preis und Getreidemenge.

b) Jahrespreise und Konsumtion.

Die Abhängigkeit des Preises von der Produktion hat die Meinung ganz allgemein werden lassen, daß bei Getreide, einem Gut, das zur Erhaltung des Lebens unbedingt erforderlich ist, der Verbrauch alljährlich annähernd gleich groß sei und man bei Veranschlagung des zukünftigen Weltbedarfs ohne einen größeren Fehler zu machen, für ein jedes Land die Ziffern des vorjährigen Verbrauchs einsetzen könne. So hat z. B. im Jahre 1907 das argentinische Ackerbauministerium folgendes Schema aufgestellt:

Weltproduktion und Verbrauch von Weizen.
(In 1000 Tonnen.)

Einfuhrländer	Produktion 1906/07	Einfuhr 1906/07	Produktion 1907/08	Mutmaßlicher Einfuhrbedarf 1907/08
Großbritannien . . .	1 696	5 696	1 304	6 000
Österreich-Ungarn . .	7 022	—	5 478	1 396
Frankreich	8 891	391	9 348	—
Deutschland	3 935	1 956	2 826	3 000
Belgien	370	1 348	370	1 350
Niederlande	150	565	152	565
Italien	4 511	1 196	4 131	1 450
Spanien	4 130	196	3 044	1 280
Portugal	217	22	217	22
Dänemark, Schweden, Norwegen	296	435	249	450
Schweiz	109	500	109	500
Griechenland	152	130	131	150
Andere Staaten . . .	2 525	2 278	2 654	2 150
Summe	33 859	14 713	30 013	18 307

Ausfuhrländer	Produktion 1906/07	Ausfuhr 1906/07	Produktion 1907/08	Voraussichtliche Ausfuhr 1907/08
Vereinigte Staaten . .	18 043	4 044	16 740	2 740
Kanada	2 717	1 109	2 283	675
Argentinien	4 218	2 967	4 920	3 720
Australien	2 000	804	2 283	1 100
Österreich-Ungarn . .	—	152	—	—
Indien	8 673	804	8 696	850
Balkanstaaten	5 521	2 087	3 262	—
Kleinasien	1 305	224	1 087	6
Rußland	12 826	2 522	15 217	5 000
Summe	89 162	14 713	84 501	14 091
		Sichtbarer Vorrat 1. VII. 07		4 150
				18 250

Es bedarf keines statistischen Nachweises, daß eine solche Gleichmäßigkeit des Verbrauchs nicht besteht, der Verbrauch vielmehr eine wechselnde Größe darstellt.

Die Frage nach dem jedesmaligen jährlichen Verbrauch kann bei dem heutigen Stande der Statistik nicht genau nachgeprüft werden, weil keine Vorratsstatistik für den Beginn eines jeden Erntejahres vorhanden ist. Durch diesen Mangel wird von vornherein eine Untersuchung nach der Richtung, inwieweit sich Angebot und Nachfrage in reichen und knappen Jahren ausgleichen, unmöglich.

Die Berechnungen der jährlich pro Kopf verfügbaren Mengen (berechnet nach der Erntemenge nach Abzug der Aussaat und der Ausfuhr und unter Zusatz der Einfuhr, wobei auch die Aus- und Einfuhr des Mehles berücksichtigt wird) lassen erkennen, wie verschieden der Verbrauch und infolgedessen auch der Anspruch ist, den die einzelnen Länder gegenüber der Gesamtproduktion der Erde erheben.

Verbrauch von Weizen[1].

Jahr	Pro Kopf der Bevölkerung wurden Kilogramm Weizen verbraucht in			
	Deutschland	England	Österreich	Rußland
1901	83,8	155,27	94,85	43,67
1902	78,5	165,86	115,58	72,07
1903	92,8	168,89	108,03	57,71
1904	86,6	161,83	99,22	72,51
1905	86,8	168,80	109,29	47,99
1901/05	86,0	164,16	105,42	58,82
1906	92,8	165,39	127,29	33,29
1907	87,9	164,15	86,25	44,97

Daß die Bewegung der pro Kopf verfügbaren Mengen mit der Preisbewegung übereinstimmt, ist selbstverständlich, denn diese Mengen sind aus der jährlichen Produktion berechnet. Es muß sich nun nachweisen lassen, daß bei einer Veränderung des Preises (als ein Ergebnis der Veränderungen in der Summe der pro Kopf verfügbaren Mengen aller Länder) die Nachfrage in jedem Lande nicht gleichmäßig eingeschränkt und ausgedehnt wird. Man muß so im Laufe der Zeit die Bedeutung einzelner Faktoren auf die Veränderungen der Nachfrage deutlicher bestimmen können. Eine solche Untersuchung, so meint man, wird jene Annahme unterstützen, daß die Nachfrage in kapitalkräftigen Ländern geringeren Schwankungen unterworfen ist als in kapitalarmen, in England z. B. geringeren als in Rußland, daß die Neigung zum Konsum anderer Waren überzugehen, ver-

---

[1] Das Getreide im Weltverkehr 1909 S. 211.

schieben ist und eine reiche Kartoffelernte mehr Bedeutung für Deutschland und Rußland, eine reiche Obst- und Gemüseernte mehr Bedeutung für Frankreich und Italien hat, als für die anderen Länder. Auch würden sich bestimmte Geschmacksrichtungen erkennen lassen, so z. B. der immer entschiedenere Übergang zum Weizenkonsum und der Rückgang des Roggenkonsums in Deutschland usw.

Zu feineren Untersuchungen nach dieser Richtung genügt die gegenwärtige Statistik nicht, besonders nicht wegen der alljährlichen Verschiedenheit der Qualitäten. Ein Mehr- oder Minderverbrauch von Getreide ist nicht gleichbedeutend mit einer Verbesserung oder Verschlechterung in der Versorgung der Müllerei. Im Jahre 1902/03 war die Qualität des amerikanischen Weizens derartig gering, daß 100 kg Weizen im Durchschnitt nur $64^{1/2}$ kg Mehl statt wie gewöhnlich 72 kg ergaben. Das erforderte einen Mehrkonsum von über 10%. Noch schlechter war die kanadische Ernte des Jahres 1911. Die Gradierung ergab: Qualität Nr. 1 5%, Nr. 2 12%, Nr. 3 26%, Nr. 4 26%. Wenn man von dem übrigen auch noch 10% für Müllereizwecke verbrauchbar erklärt, so bleibt immer noch rund ein Viertel nur als Viehfutter verwendbar. Es wäre also weiterhin, um diese Verhältnisse klarzulegen, eine fortlaufende, nach einheitlichen Grundsätzen vorgenommene Bestimmung der Qualität nötig. Eine solche ist aber bisher nur in Kanada und den Vereinigten Staaten durchgeführt.

Wenn an erster Stelle das Verhältnis der Preise zu Produktion und Konsumtion untersucht war, so war damit nicht gemeint, daß sich der Preis als ein Produkt dieser beiden Faktoren resp. des Angebots und der Nachfrage ergebe. Denn nur das Angebot ist im gewissen Sinne eine bestimmte Größe, nicht aber die Nachfrage, wie das bereits oben ausgeführt war. Es ist wohl wahr, daß bei einer schlechten Ernte durch die Konkurrenz der Käufer der Preis in die Höhe getrieben wird, bei einer reichen Ernte wird doch aber zunächst die Nachfrage das gewöhnliche Durchschnittsmaß nicht überschreiten. Es tritt dann ein Zustand ein, den der Handel mit allgemeiner Lustlosigkeit bezeichnet, und der in Jahren mit reichem Erntesegen oft monatelang als typische Stimmung des Marktes charakterisiert wird. Dann gehen die Verkäufer in ihren Forderungen herunter, um eine Nachfrage anzuregen. Es besteht eben eine Wechselwirkung, und daß eine zunehmende Nachfrage die Preise steigert, eine abnehmende Nachfrage die Preise drückt, ist ebenso richtig, als daß fallende Preise den Konsum anregen, steigende ihn einschränken.

Der Zusammenhang der Preise mit dem Wachstum der Bevölkerung

Die Bewegung der Weizenpreise und ihre Ursachen. 63

und den Veränderungen der Produktionskosten gehört nicht hierher, wo es sich um die jährlichen Schwankungen handelt, er wird weiter unten behandelt, wo von der diesen Schwankungen zugrunde liegenden Basis, dem Preisniveau und seinen Veränderungen, die Rede sein wird.

c) Die Regelmäßigkeit der Preiskurven.

Bei der Bewegung der jährlichen Preise müssen wir auf die merkwürdige Erscheinung der häufig auftretenden regelmäßigen Wellenform der Preise eingehen. Man könnte geneigt sein, in der Landwirtschaft für diese Regelmäßigkeit dieselbe Ursache anzunehmen wie in der Industrie, und meinen, daß hohe Preise eine Ausdehnung, niedrige eine Einschränkung der Anbauflächen bewirken, auf diese Weise eine periodische Überproduktion entstehe, die dann die Krisen hervorrufe. In der Tat kann man konstatieren, daß auf hohe Preise eine Ausdehnung der Anbauflächen resp. eine Intensivierung des Betriebes folgt, und umgekehrt wieder unter der Herrschaft billiger Preise der Getreidebau zurückgeht[1]. Wäre nun zu beweisen, daß eine Änderung in den Anbauverhältnissen eine gleiche Änderung in den Ernteergebnissen zur Folge hätte, so wäre damit der Vorgang der regelmäßigen Wellenform der Preise erklärt.

Vergleichen wir zu diesem Zwecke beispielsweise die Anbauflächen und Ernteergebnisse in Argentinien[2]:

Erntejahr	Anbauflächen in Hektar	Ernte in Tonnen	Erntejahr	Anbauflächen in Hektar	Ernte in Tonnen
1890/91	1 202 280	845 000	1901/02	3 296 066	1 534 405
1891/92	1 320 000	980 000	1902/03	3 695 343	2 823 853
1892/93	1 600 000	1 593 000	1903/04	4 320 000	3 529 100
1893/94	1 840 000	2 238 000	1904/05	4 908 124	4 102 600
1894/95	2 000 000	1 670 000	1905/06	5 675 293	3 672 231
1895/96	2 260 000	1 263 000	1906/07	5 692 268	4 245 434
1896/97	2 500 000	860 000	1907/08	5 759 987	5 238 705
1897/98	2 600 000	1 453 000	1908/09	6 205 300	4 650 000
1898/99	3 200 000	2 857 137	1909/10	5 836 650	3 565 000
1899/00	3 250 000	2 766 589	1910/11	6 253 150	3 710 000
1900/01	3 379 749	2 034 438	1911/12	6 897 650	4 600 000

NB. Argentinien ist in der Kolonisation begriffen. In Nordamerika sind die Schwankungen der Anbauflächen je nach den Preisen sehr beträchtlich.

Während die Anbauflächen dauernd vermehrt worden sind, ist die Produktion wohl im ganzen aber keineswegs ununterbrochen gestiegen.

---
[1] Siehe die Tabellen auf S. 58/59.
[2] Jahrbuch über die Ernten und den Handel in Getreide 1908—1911 unter „Argentinien".

In Ländern mit intensiver Wirtschaft erhält man im allgemeinen eine bessere Übereinstimmung als in Ländern mit extensiver Wirtschaft. Dafür ist aber eine Ausdehnung oder Einschränkung der Anbauflächen in Ländern mit intensiver Wirtschaft nur in kleinerem Umfange möglich. Das Ergebnis im ganzen aber ist, daß die Vermehrung oder Verminderung der Anbauflächen auf die Jahresbewegung der Preise nur einen geringen Einfluß auszuüben vermögen, weil sie nicht für den Ernteausfall von entscheidender Bedeutung sind.

Bleibt also nur noch, wenn wir einen Zusammenhang zwischen Ernten und Preisen konstatiert haben, eine durch die Witterung[1] hervorgerufene Periodizität der Ernten zu vermuten, und solche Zahlen, wie sie oben die Ernten Argentiniens darstellen, ermutigen zu solcher Annahme. Um diese Verhältnisse aufzuklären, muß noch in Zukunft genaueres Material abgewartet werden, denn die Ernteergebnisse in der Mitte des vorigen Jahrhunderts, also zu den Zeiten der regelmäßigen Wellen, sind wissenschaftlich nicht verwertbar. Die Gegenwart aber ist eine Zeit des Überganges, sowohl wegen der Veränderungen der Betriebstechnik als auch der Ausdehnung der gesamten Produktion, was sich auch in der Preisbewegung erkennen läßt.

d) Die Abnahme der Preisschwankungen.

Die Ursache der Veränderungen in der Größe der jährlichen Preisschwankungen ist in der Veränderung der früheren nationalen und der heutigen internationalen Getreideversorgung und Preisbildung zu suchen. Früher war ein Ausgleich selbst ziemlich naheliegender Gebiete nur unter großen Kosten möglich. Nach Engel verdoppelte sich der Preis des Getreides bei einem Transport von 160 km.

---

[1] Über den Einfluß der Witterung auf die Größe der Ernten liegen umfangreiche Untersuchungen vor. Doch macht sich der Mangel einer ausreichenden Statistik fühlbar geltend, so daß all diesen Untersuchungen bisher etwas Unsicheres anhaftet. Die Ansicht, daß das Klima konstant sei, kann heute als überwunden gelten. Man nimmt heute an, daß das Klima regelmäßige Schwankungen aufweist, und hat eine elfjährige, durch die Sonnenflecken verursachte und eine 35 jährige Periode für wahrscheinlich gehalten. Diese Schwankungen machen sich bemerkbar in Temperaturschwankungen, die im Mittel etwa ein Grad betragen sollen, hauptsächlich aber in einem Wechsel der Größe der Regenmengen. Es sollen sich auch die auf Grund dieser Annahme erfolgten Voraussagen über die zukünftigen Ernteerträge schon mehrfach als richtig erwiesen haben. Siehe E. Brückner, Einfluß der Klimaschwankungen auf Ernteerträge und Getreidepreise in der Geographischen Zeitschrift 1895.

Heute kann dank der vortrefflichen Entwicklung des Verkehrswesens und des Handels jedes Land seinen Überfluß auf dem internationalen Markt verwerten und bei einem Ausfall der eigenen Ernte die Ernte anderer Länder heranziehen. Da sich nun die Getreideproduktion auf voneinander so entfernte Länder und die Ernte auf die verschiedenen Monate des Jahres verteilt, so haben wir bisher keine allgemeine Mißernte erlebt, und es scheint, als ob wenigstens in Westeuropa die Hungersnöte der alten Zeit infolge der Entwicklung der heutigen internationalen Verkehrswirtschaft nicht mehr zu befürchten sind. Die Schwankungen der Welternte sind geringer als die der Ernten der einzelnen Länder, gleichgültig, ob diese extensive oder intensive Wirtschaft treiben[1].

4. Die Faktoren des Preisniveaus (der zehnjährigen Durchschnitte).

War es möglich, die jährlichen Preisschwankungen durch die Schwankungen des Angebots und der zur Verfügung stehenden Menge zu erklären, so kann man die allgemeine Abwärtsbewegung der Preise bis 1894 und die allgemeine Steigerung seit 1894 nicht auf eine Verringerung oder auf eine Vergrößerung der Spannung zwischen Produktion und Nachfrage zurückführen. Denn so unsicher auch infolge der Verschiedenheit der Methode in der Statistik die Vergleichbarkeit aller Verbrauchsberechnungen über längere Zeiträume ist, so ist doch als sicher anzunehmen, daß die Produktion ebenso stark zugenommen hat als die Bevölkerung. Die in Europa und den Vereinigten Staaten pro Kopf verfügbaren Mengen von Weizen waren[2]:

1878—1882	111,92 kg,
1883—1887	112,42 „
1888—1892	108,12 „
1893—1897	116,14 „
1898—1902	128,70 „
1903—1906	134,00 „

---

[1] Die Erfahrung lehrt, daß dieselbe Witterung die Ernteergebnisse in den verschiedenen Ländern in verschiedener Weise beeinflußt. Brückner unterscheidet einen ozeanischen Typus, England, Frankreich, Belgien, Dänemark, Deutschland, Österreich, und einen kontinentalen Typus, Ohio und Rußland. Zwischen diesen Ländern bestehe eine Art Kompensationsverhältnis. „Haben jene gute Ernten, so haben diese schlechte und umgekehrt."

[2] Das Getreide im Weltverkehr a. a. O. 1900 I S. 822; dasselbe 1909 S. 216.

Bei gleichen verfügbaren Mengen stehen die Preise 1878/82 bedeutend höher als im folgenden Jahrfünft (Weizen etwa 35 Mk. per Tonne) und weiterhin steigen die Preise bei gleichzeitiger größerer Steigerung der Produktion.

Wir müssen also für die Preisentwicklung innerhalb größerer Zeiträume nach anderen tiefer liegenden Ursachen suchen und kommen dabei auf das Thünensche Gesetz. Thünen hat die Grundlage der Preisnormierung in den Produktions- und Transportkosten jener Gebiete zu finden geglaubt, die am teuersten produzieren, deren Erträge aber dennoch für den Konsum herangezogen werden müssen. Man hat gemeint, daß dieses Gesetz heute nicht mehr gelte. Wiebenfeld[1] sieht als Ursache des Preissturzes zu Beginn der achtziger Jahre die Überstürzung des Angebots seitens der überseeischen miteinander konkurrierenden Staaten an. Auch scheint die Tatsache, daß landwirtschaftliche Schutzzölle überhaupt nötig geworden sind, ein Beweis zu sein, daß sich der Preis nicht nach dem am teuersten produzierten Getreide richte. Denn ohne Zweifel muß doch auch das Getreide der heute durch Zölle geschützten Staaten zum Bedarfe herangezogen werden, wird doch der Verbrauch Deutschlands an Weizen nur zu einem Drittel vom Auslande gedeckt. Diese Meinung ist darum irrig, weil beim Freihandel die billige Produktion der überseeischen Länder ausgedehnt und die am teuersten produzierenden Betriebe Europas eingestellt oder wenigstens in ihrer Wirtschaftsweise verändert werden müßten. Wenn sich eine solche Entwicklung vollzogen hätte, würde allerdings durch die Kosten auf den übrigbleibenden Getreide produzierenden Gebieten Europas der Preis bestimmt werden. Dieser wäre aber geringer, als es die heutigen Kosten der durch Zölle geschützten europäischen Landwirtschaft sind.

Nach Thünen hat eine Vergrößerung der Nachfrage, mag sie nun durch das Wachstum der Bevölkerung oder das Steigen des Wohlstandes herbeigeführt sein, in der Regel eine Preissteigerung im Gefolge. Denn eine Ausdehnung der landwirtschaftlichen Produktion kann, wenn nicht technische Umwälzungen oder ausgedehnte Veränderungen in der Organisation des Betriebes zu Hilfe kommen, nur mit erhöhten Kosten erreicht und aufrechterhalten werden. Sie könnte nur so bewerkstelligt werden, daß entweder auf von Konsumtionszentren entfernteren oder weniger fruchtbaren Gebieten das Getreide angebaut würde.

Die Statistik zeigt, daß seit 1895 mit dem Steigen der Preise die

---

[1] Wiebenfeld a. a. O. S. 648.

Anbauflächen sich in den überseeischen Ländern vergrößert haben und die europäische Landwirtschaft ihren Betrieb erheblich intensiviert hat. Die Anbauflächen in den Vereinigten Staaten und in Kanada sind folgendermaßen gewachsen:

Anbauflächen von Weizen[1].
(In Acker [40,467 a]).

Jahr	Vereinigte Staaten	Kanada
1891—1895	36 406 103	—
1896—1900	41 045 378	—
1900	42 495 385	2 011 835
1901	49 895 514	2 039 940
1902	46 202 442	2 442 873
1903	49 464 967	2 412 235
1904	44 074 875	2 417 253
1905	47 854 079	2 721 079
1906	47 305 829	2 789 553
1907	45 211 000	

Die Ertragssteigerung pro Hektar in Deutschland war folgende: Es wurden pro Hektar an Doppelzentnern Weizen geerntet[2]:

1893—1899 17,5
1900—1909 19,5
1910 19,9

Die Preissteigerung in der ersten Hälfte des 19. Jahrhunderts beruhte darauf, daß infolge der wachsenden Bevölkerung die Produktion auf Gebiete ausgedehnt werden mußte, deren Produktionskosten pro Produktionseinheit größer waren. Es stiegen daher die gesellschaftlich notwendigen Kosten. Im letzten Drittel des vorigen Jahrhunderts aber ist die weitgehende Ausdehnung der Anbauflächen und die größere Entfernung der Produktionsgebiete von den Konsumtionszentren von einem Sinken der Preise gefolgt. Es steht das nur scheinbar im Widerspruch zum Thünenschen Gesetz, denn für den Preis ist nicht die geographische, sondern die ökonomische Entfernung bestimmend. Die ökonomische Entfernung aber war keineswegs durch die Erschließung weiter fruchtbarer Gebiete in Indien oder Amerika vergrößert worden.

Wie groß die Produktionskosten in den einzelnen Ländern sind, und wie sie sich entwickelt haben, darüber gibt es nur Vermutungen. Die

---

[1] Das Getreide im Weltverkehr 1909 S. 32 u. 36.
[2] Stat. Jahrbuch für d. D. R. 1901 S. 18, 1911 S. 48.

Angabe über die Entwicklung einzelner Produktionsfaktoren reicht nicht aus, und wo Produktionsberechnungen genauer durchgeführt sind, da erstrecken sie sich nur auf einzelne Güter.

Einfach ist nur die Bewegung der Frachtsätze des Getreides zu verfolgen. Nach Engel waren die Frachtkosten auf den Landwegen der alten Zeit pro Tonne und Kilometer 75 Pfg. Im heutigen Eisenbahntransport kostet in Deutschland das Tonnenkilometer 4—5 Pfg. und in Rußland nach den Exporthäfen für größere Entfernungen gar nur 1,5 Pfg. Noch stärker war die Verbilligung der Seefracht. 1875 kostete die Fracht von New York nach Liverpool 25,06 Mk. per Tonne, 1894 5,87 Mk. per Tonne, 1904 die Fracht von New York nach Rotterdam 4,44 Mk., d. h. die Ozeanfracht betrug per Tonnenkilometer nur noch 0,05 Pfg.

Eine weitere Verbilligung der Fracht scheint unmöglich, und ebenso ist eine weitere Verbilligung der Produktionskosten in den überseeischen Ländern oder in Rußland wohl nicht mehr zu erwarten[1].

Die seit 1894 nach aufwärts gerichtete Preisbewegung scheint diese Meinung zu bekräftigen. Doch bedarf dies der näheren Untersuchung. Auch müßte die nächste (d. i. die gegenwärtige) Preiswelle abgewartet werden, bevor man aus der Preisentwicklung einen bestimmten Schluß zu ziehen berechtigt wäre.

Wenn dem aber so wäre, so würde das nichts anderes bedeuten, als daß bereits wieder die Idee Thünens in ihrer ursprünglichen Vorstellung Geltung gewonnen hat, nach der jede Produktionsausdehnung mit einer preissteigenden Tendenz verbunden ist, und daß bereits wieder die Rentensteigerung des in Betrieb befindlichen Grund und Bodens begonnen hat. Es ist dann die ganze, hinter uns liegende Epoche des Überganges der nationalen zur internationalen Wirtschaft mit ihrer Durchbrechung des monopolistischen Charakters des Grund und Bodens und der damit zusammenhängenden stetigen Verbilligung der Produktion, wie Conrad sagt, eine Erscheinung von konkret historischem Charakter, deren Bedeutung für die Preisbildung sich bis zu den neunziger Jahren erstreckt. Die Preiswelle der neunziger Jahre ist dann das erste Zeichen der Veränderung dieser Verhältnisse.

---

[1] Im Anschluß an den italienisch-türkischen Krieg ist inzwischen eine allgemeine Erhöhung der Frachtsätze eingetreten, die sich bis heute erhalten hat. Die Fracht von New York nach Liverpool kostet heute per Tonne etwa 10 Mk., d. i. 0,15 Pf. per Tonnenkilometer.

5. Weizenpreise und Gesamtwarenpreise.

Wir haben oben die Abhängigkeit der Preise von den Produktionskosten als wahrscheinlich erkannt. Ein solcher Zusammenhang ist ja selbstverständlich, denn es kann keine Ware dauernd zu einem Preise angeboten werden, der nicht die gesellschaftlich notwendigen Kosten der Produktion deckt. Die Produktionskosten der Landwirtschaft, und damit betrachten wir die Preisbildung des Weizens im Rahmen der Gesamtwirtschaft, sind aber auch abhängig von dem jeweiligen Stand der Konjunktur der Gesamtwirtschaft. In Zeiten der Hochkonjunktur sind alle Hilfsmittel der Landwirtschaft teurer: Werkzeuge, Maschinen, Transporte, Geld, Arbeitskräfte usw. Dazu kommt, daß sich die Kosten der Lebenshaltung gleichfalls mit dem Steigen oder Fallen der Konjunktur vergrößern oder verkleinern, und der Landwirt in Zeiten steigender Konjunktur also aus doppelten Ursachen höhere Preisforderungen stellen muß. Andererseits wächst in Zeiten aufsteigender Wirtschaftsepochen die Kaufkraft und die Nachfrage auf Seiten der konsumierenden Bevölkerung. Aus diesen Gründen findet sich denn auch ein Zusammenhang zwischen der Bewegung der Weizenpreise und den wirtschaftlichen Konjunkturen.

a) **Übereinstimmung in den jährlichen Preisschwankungen.**

Aus Tooke ist zu entnehmen, daß in den Jahren 1836, 1845 und 1852, also Jahren, in denen auch die Getreidepreise zu steigen begannen, ein Konjunkturaufschwung eingesetzt hat. Von den fünfziger Jahren können wir den Zusammenhang mit Hilfe der vielfach berechneten Indexzahlen feststellen. Es gilt nämlich als Charakteristikum der Konjunkturschwankungen neben manchem anderen (dem Beschäftigungsgrad der Arbeiter, dem Grade der Inanspruchnahme des Geldmarktes usw.) auch der Gesamtwarenpreisstand, der Totalindex.

Ich stelle die von Schmitz[1] in Prozenten des zehnjährigen Durchschnitts 1889/98 berechneten Weizen- und Roggenpreise für Berlin den Prozentsätzen des für denselben Durchschnitt berechneten Gesamtwarenpreisstandes, dem Totalindex, gegenüber. (Siehe Tabelle S. 70.)

Die Zahlen zeigen im allgemeinen eine Übereinstimmung der Bewegung, wenn diese auch nicht immer so vollkommen ist wie bei den beiden letzten Preiswellen in den achtziger und neunziger Jahren. Wir finden auch eine solche Übereinstimmung in der Preisbewegung des Ge-

---

[1] Schmitz a. a. O. S. 54, 62, 70.

Indexzahlen für den Weizen und Gesamtwarenpreis.

Jahr	Weizen	Totalindex	Jahr	Weizen	Totalindex
1851	89,40	100,60	1876	114,25	119,52
1852	93,49	103,33	1877	130,82	119,86
1853	113,28	118,91	1878	115,22	110,62
1854	162,34	131,71	1879	107,73	100,87
1855	167,82	131,96	1880	118,92	111,71
1856	157,50	132,95	1881	119,50	109,26
1857	121,03	132,76	1882	111,19	106,52
1858	99,40	112,08	1883	101,31	104,06
1859	105,86	114,16	1884	88,32	99,62
1860	123,93	118,73	1885	87,62	92,88
1861	132,32	117,24	1886	82,39	88,00
1862	124,25	120,31	1887	89,50	90,98
1863	107,15	122,68	1888	93,79	96,07
1864	89,72	125,28	1889	102,22	100,87
1865	92,95	117,37	1890	106,40	107,54
1866	109,41	119,88	1891	122,09	104,75
1867	152,98	120,69	1892	96,06	95,46
1868	146,85	120,09	1893	82,51	92,21
1869	112,81	120,14	1894	74,12	83,79
1870	108,12	117,32	1895	77,57	83,55
1871	128,88	123,12	1896	85,05	83,91
1872	134,04	136,12	1897	91,29	85,79
1873	139,53	141,56	1898	94,43	90,65
1874	125,44	130,60	1899	85,75	98,43
1875	110,25	122,41	1900	83,12	106,49

treides mit einzelnen Waren, die offenbar ganz verschiedenen Bedingungen unterworfen sind, so zwischen Weizen und Eisen oder Weizen und Kupfer.

Solche Übereinstimmung ist aber außerordentlich erstaunlich, wenn wir uns erinnern, in welchem engen Zusammenhange gleichzeitig die Preise mit den jährlichen Ernten stehen. Es wird diese überraschende Erscheinung der gemeinsamen Preisbewegung auch nicht durch die für alle Waren gleichzeitig eingetretene Verbilligung der Fracht- und Produktionskosten erklärt. Denn diese Faktoren haben sich für die verschiedenen Waren in der Tat nicht gleichmäßig entwickelt. Wir stehen hier vor einem bisher noch ungelösten Problem. Wir müssen aber bedenken, daß die Preisbildung des Getreides auf der einen Seite durch den Ausfall der Ernten, d. h. durch Naturfaktoren, auf der anderen Seite durch die absolute Notwendigkeit des Bedürfnisses bestimmt wird, also der menschlichen Willkür und Beeinflussung ziemlich entzogen, die Produktion aber und der Konsum der Industrieartikel solcher Beeinflussung in erheblichem Maße ausgesetzt ist. Es müssen sich also infolge der verschiedentlichen gegenseitigen Beeinflussungen allmählich die Konjunkturschwankungen der Industrie den Schwankungen der Ernte angepaßt haben.

b) Übereinstimmung in der Bewegung der großen Preisentwicklungslinien.

Gesondert von der Betrachtung der Preiswellen ist jene allgemeine Richtung der Preise nach oben oder unten zu begründen, die den Preiswellen zugrunde liegt.

Die Abwärtsbewegung in den beiden letzten Jahrzehnten des vorigen Jahrhunderts ist oben in der Umgestaltung der Produktion und des Verkehrswesens gefunden.

Aber auch für die gegenwärtige Aufwärtsbewegung der Preise hat man nach allgemeinen Ursachen gesucht, denn nur soweit die Steigerung der Weizenpreise über die Steigerung des Gesamtwarenpreisniveaus hinausging, schien ein Suchen nach besonderen Ursachen berechtigt. Soweit sich aber die Steigerung des Weizenpreises im Rahmen der gesamten Preissteigerung hielt, suchte man nach einer gemeinsamen Ursache.

Daß wir gegenwärtig nicht nur einen Konjunkturaufschwung, sondern eine Steigerung des Preisniveaus erleben, scheint unzweifelhaft nicht bloß wegen der über das Gewöhnliche hinausgehenden Dauer des Aufschwungs, sondern auch wegen der schnellen Überwindung der Krisen in den Jahren 1900—1902 und 1907/08.

Man hat darum geglaubt, es mit einer jener Veränderungen des Preisstandes zu tun zu haben, welche in einer Verschiebung im Tauschwerte des Geldes ihre Ursache haben. Eine solche Verschiebung tritt ein, wenn die Menge der Zirkulationsmittel stärker anwächst als die Menge der Waren. Man ist sich heute darüber klar, daß die alte Quantitätstheorie ebenso wie die Currencytheorie, nach denen jede Vermehrung des Geldes resp. des Goldes und der Noten einen genauen und entsprechenden Ausdruck in den Preisen finde, nicht der Wirklichkeit entsprechen, und man hält die Quantitätstheorie heute nur in dem Sinne aufrecht, daß nur Veränderungen in der Gesamtsumme aller Zirkulationsmittel auf den Tauschwert dieser von Einfluß sein können. Da das Gold innerhalb der Zirkulationsmittel von geringer Bedeutung ist, so folgt hieraus, daß nur ganz erhebliche Änderungen des Goldvorrates auf die Preise von Einfluß sein können. (Die Vermehrung des Goldvorrates könnte auch indirekt insoweit von Bedeutung sein, als sie die Grundlage für eine weitere Ausdehnung anderer Zirkulationsmittel abgeben und so eine aufsteigende

Konjunktur weiter ausdehnen kann, wodurch sie längere Zeit hindurch billigere Geldsätze ermöglicht.)

Welcher Art der innere Zusammenhang für die Erscheinung ist, daß eine Vergrößerung oder Verminderung der Zirkulationsmittel, die nicht von einer entsprechenden Bewegung des Gesamtgütervorrates begleitet ist, auf die Kaufkraft des Geldes von Einfluß ist, darüber herrscht vielfacher Streit. Darauf einzugehen, überschreitet den Rahmen dieser Abhandlung und ist einer Sonderuntersuchung des Vereins für Sozialpolitik vorbehalten.

Die Geschichte zeigt aber, daß ein solcher Zusammenhang tatsächlich vorhanden ist. Die Steigerung der Weizenpreise gegen Ende des 16. und 18. Jahrhunderts war nur ein Ausdruck der Steigerung des Gesamtwarenpreisniveaus. Für das Ende des 16. Jahrhunderts aber war charakteristisch eine ungeheure Vermehrung des damaligen Währungsmetalles, des Silbers, das aus den spanischen Bergwerken der Neuen Welt nach Europa herüberfloß. Die Zeit um das 18. Jahrhundert ist gekennzeichnet durch die Ausgabe großer Mengen Papiergeldes (Assignaten). Untersuchen wir die letzte Periode, so gestaltete sich die Goldproduktion folgendermaßen[1]. Es betrug der Wert der Goldproduktion in Millionen Mark:

1871—1875:	458	Millionen,	1900:	1056 Millionen,
1876—1880:	481	„	1901:	1083 „
1881—1885:	433	„	1902:	1232 „
1886—1890:	475	„	1903:	1358 „
1891—1895:	684	„	1904:	1440 „
1896—1900:	1080	„	1905:	1565 „
1896:	836	„	1906:	1559 „
1897:	985	„	1907:	1731 „
1898:	1140	„	1908:	1859 „
1899:	1272	„	1909:	1906 „
			1910:	1909 „

Es zeigt sich also, daß die Goldproduktion in den neunziger Jahren so entschieden zu steigen beginnt, daß sie sich seit 1886/90 mehr als vervierfacht hat. Die Menge des vorhandenen Goldes und ungedeckten Papiergeldes schätzt der amerikanische Münzdirektor[2]:

---
[1] Calwer; Jahrbuch der Weltwirtschaft 1902 S. 281. Conrad, Volkswirtschaftliche Chronik 1910 S. 526, 1911 S. 350.

[2] J. Eßlen, Konjunkturschwankungen und Geldmarkt 1902—1907 S. 292.

Gold		Silber		Ungedecktes Papier	
1901	1908	1901	1908	1901	1908
20 351	29 461,2	16 132,6	14 828,9	12 740,7	18 070,3

Eßlen[1] sucht nachzuweisen, daß in Deutschland die Preissteigerung der Waren nicht von einer Vermehrung des Goldes herrühren könne, denn die Menge des Goldvorrates der deutschen Reichsbank hätte sich nicht wesentlich verändert. Es ist aber bereits an einer anderen Stelle dieser Arbeit ausgeführt worden, daß bei den Waren, deren Preisbildung international bestimmt wird, die Preisentwicklung sich im Gegensatz zu den heimischen Verhältnissen vollziehen kann. Es genügt also schon im internationalen Verkehr, wenn in den für die Produktion und den Absatz einer Ware wichtigen Ländern eine solche Verminderung des Tauschwertes des Geldes infolge der Vermehrung der Zirkulationsmittel hervorgerufen wird, um eine allgemeine Preissteigerung herbeizuführen. Da aber Eßlen eine Vermehrung der Umlaufsmittel in England und den Vereinigten Staaten, d. h. also in einem wichtigen Produktions- und dem wichtigsten Konsumtionsland, konstatieren muß, so wird eine infolge der Vermehrung der Zirkulationsmittel erfolgte Preissteigerung des Getreides auch in Deutschland nicht abgelehnt werden können.

Wir haben also eine ganze Reihe von Faktoren, die an der gegenwärtigen Preissteigerung mitgewirkt haben können, wie stark die einzelnen Faktoren sind, läßt sich noch nicht sagen. Es wird noch eine längere Beobachtung der Preisbewegung, eine genauere Registrierung aller wichtigen Tatsachen dazu gehören, bis man in diese äußerst komplizierten Zusammenhänge der Preisbewegung völlige Klarheit geschaffen haben wird.

---

[1] J. Eßlen, Konjunkturschwankungen und Geldmarkt 1902—1907 S. 292.

Altenburg
Pierersche Hofbuchdruckerei
Stephan Geibel & Co.